Witold Narkiewicz Jodko

Geschichte und System des utopischen Sozialismus

in der polnischen Emigration der 30er und 40er Jahre

Witold Narkiewicz Jodko

Geschichte und System des utopischen Sozialismus
in der polnischen Emigration der 30er und 40er Jahre

ISBN/EAN: 9783743378704

Hergestellt in Europa, USA, Kanada, Australien, Japan

Cover: Foto ©ninafisch / pixelio.de

Manufactured and distributed by brebook publishing software (www.brebook.com)

Witold Narkiewicz Jodko

Geschichte und System des utopischen Sozialismus

GESCHICHTE UND SYSTEM

DES

UTOPISCHEN SOCIALISMUS

IN DER

POLNISCHEN EMIGRATION DER 30ER UND 40ER JAHRE

INAUGURAL-DISSERTATION

DER

HOHEN PHILOSOPHISCHEN FAKULTÄT DER UNIVERSITÄT BERN

ZUR ERLANGUNG DER DOKTORWÜRDE

VORGELEGT VON

WITOLD NARKIEWICZ JODKO

AUS WARSCHAU (POLEN)

BERN
DRUCK DER UNIONSDRUCKEREI
1899

EINLEITUNG.

Der Socialismus, der heute eine in sich geschlossene, die modernen Verhältnisse erklärende und die Gesetze ihrer nächsten Entwicklung bestimmende Lehre bildet, ist zu seiner gegenwärtigen Bedeutung erst sehr allmälig gekommen. Lange Jahre hindurch, hauptsächlich aber seit dem Ende des vorigen Jahrhunderts, bemühten sich edle Menschenfreunde, Mittel ausfindig zu machen, die geeignet wären, dem augenfälligen Volkselende abzuhelfen. In diesem Bemühen konstruierten sie verschiedene Systeme, die, nach ihrer Meinung, die Menschheit von all der sie bedrückenden Not befreien und ihr noch auf Erden den Himmel bereiten müssten.

Diese Systeme waren meistenteils sehr subjektiver Natur, sie beruhten nicht auf einer gründlichen Untersuchung der Entwicklung der socialen Verhältnisse, sondern auf verschiedenen willkürlichen Voraussetzungen. Sie sind bekannt unter dem Namen des *utopischen Socialismus*. Obwohl die Lehren der utopischen Socialisten jetzt lange verschollen und von den Massen meist vergessen sind, haben sie doch für den socialen Forscher Wert und Bedeutung. Ihre Erforschung gibt vor allem Auskunft in zwei Fragen:

1. Wie ist der Socialismus zur heutigen Fassung seiner Theorien gekommen? — Die meisten bedeutenden Socialisten, ob sie auf wissenschaftlichem oder auf praktischem Gebiet thätig waren, befanden sich, während einer gewissen Periode ihres Lebens, unter einem direkten oder indirekten Einfluss der Utopisten. Dieser Einfluss, der noch heute in manchen, unter den Socialisten geläufigen Anschauungen wahrzunehmen ist,

muss genau untersucht werden, wenn man überhaupt den Socialismus erforschen will. Die erste Vorbedingung einer solchen Untersuchung ist aber eine genaue Begründung des Inhalts des utopischen Socialismus.

2. War die Bildung der verschiedenen utopischen Systeme das Resultat einer wirklichen socialen Notwendigkeit, oder müssen wir sie als ein Hirngespinnst phantasiereicher Philantropen betrachten? — Um auf diese Frage zu antworten, müssen wir den Grad der Verbreitung der utopischen Systeme unter den Massen kennen lernen. Diese Systeme werden nämlich mit grossem Eifer überall da aufgenommen, wo ein modernes sociales Elend bestand und wo eine geistige Empfänglichkeit für ihre Lehren vorhanden war, wobei natürlich die Tiefe und Gründlichkeit der Gedanken der Utopisten selbst mit in die Wage fiel. In andern Ländern verklangen sie ohne irgend einen Einfluss ausgeübt zu haben.

Demnach haben wir es mit zwei Untersuchungsobjekten zu thun: mit dem *Inhalt* des utopischen Socialismus und mit seiner *Verbreitung*. Unter diesen zwei Gesichtspunkten wollen wir die polnischen Utopisten aus den 30er und 40er Jahren betrachten.

I.

Bevor wir an unser eigentliches Thema herantreten, müssen wir, wenigstens in kurzen Umrissen, den Boden charakterisieren, auf welchem unsere Socialisten zu wirken hatten.

Nach dem verunglückten Aufstande von 1830/31 hatte eine Anzahl von Polen ihre Heimat verlassen. Die beiden Kammern des Parlaments, die meisten höhern Beamten, viele Schriftsteller, Publizisten, Gelehrte, politische Agitatoren, endlich ganze Armeekorps (die Zahl der Soldaten und Offiziere, die ihre Waffen beim Uebertritt über die preussische oder österreichische Grenze niederlegten, wird von den Geschichtsschreibern auf rund 70,000 angegeben) wanderten damals ins Ausland. Die meisten von ihnen verblieben in den Nachbarstaaten, während alle, welche stärker kompromittiert waren, einen freieren Boden suchten und nach der Schweiz, nach England, hauptsächlich nach Frankreich gingen. In diesem Lande fanden sich bald Tausende von polnischen Emigranten zusammen, deren Zahl noch anwuchs, als Louis Philippe unter dem Druck der öffentlichen Meinung den ehemaligen polnischen Soldaten eine Pension gewährte.

Selbstverständlich vertraten alle diese Emigranten nicht dieselben politischen Ansichten. Schon während des Aufstandes machte sich eine Opposition bemerkbar, die gegen die opportunistische Politik der Revolutionsregierung protestierte, das Paktieren mit dem Feinde verurteilte und eine Verbesserung der Lage der Bauern forderte. Diese Opposition war um so leichter verständlich, als die Revolution unterdrückt war, und zwar, wie viele meinten, dank der Fehler des herrschenden Systems! Die Emigration spaltete sich gleich am ersten Tage nach dem Uebertritt über die Grenzen in zwei Lager: in solche, welche die Ursache des Fehlschlagens der Revolution in den

Fehlern der Regierung sahen und daraus Lehren für die Zukunft ziehen wollten, und in diejenigen, welche sich um die Mitglieder der Regierung gruppierten.

Die erste Gruppe bildete den Ansatz zu einer künftigen demokratischen Partei, die zweite — zu einer aristokratischen. Diese Sonderung vollzog sich natürlich nicht urplötzlich, es bedurfte vielmehr längerer Zeit, bis sich die gleichgesinnten Elemente einander näherten, sich organisierten und zum klaren Bewusstsein ihres Programms kamen.

Die erste Organisation, die sich auf dem Boden Frankreichs bildete (schon am 6. November 1831, also zwei Monate nach dem Falle von Warschau), sollte noch einmal alle Emigranten umfassen; sie hiess das Komitee des Niemojowski, so genannt nach dem Namen seines ersten Vorsitzenden, der auch der letzte Chef der revolutionären Regierung der Nation gewesen war. Dieses Komitee sollte thatsächlich dieselben Prinzipien repräsentieren, die den Aufstand geleitet hatten. Es bildete sich indes bald eine Opposition dagegen, und unter ihrem Drucke löste sich das Komitee auf; von den in Paris weilenden Emigranten wurde ein neues gewählt, mit dem Historiker Lelewel an der Spitze. Aber auch dieser Organisation war kein langes Leben beschieden. Die Elemente, aus denen sie bestand, waren zu heterogen, um lange neben einander bestehen zu können. Bald bildeten sich zwei neue Organisationen, die offen ihre Parteistellung verkündeten.

Unter Führung des Generals Dwernicki vereinigte sich ein Komitee aus höhern Offizieren, das sich durch geschickte Manöver die Zustimmung der Mehrzahl der polnischen Soldatenkolonien zu verschaffen wusste; den Umstand benutzend, dass die Emigranten in ihrer überwiegenden Mehrheit aus Soldaten bestanden, suchten die Generäle die gesamte Emigration unter eine eiserne Militärdisziplin zu beugen. Zu ihrem Vertreter ernannten sie den Fürsten Czartoryski. Ihm sprachen sie ihr volles Vertrauen aus und ihm übergaben sie alle politischen Angelegenheiten der polnischen Emigration. Nun war gerade Czartoryski der Mann, dessen Name die grösste Opposition hervorrufen musste. Ehemaliger Minister unter Kaiser Alexander I., war er in die Revolution gegen seinen Willen hineingerissen worden, glaubte nie an einen Erfolg der Waffen, sondern sah das Heil nur in einer diplomatischen Intervention der fremden Mächte, und um diese zu erlangen, sträubte er sich hartnäckig gegen einen energischen Kampf mit Russland und gegen jede innere Reform, die etwa die Polen in den Verdacht der Demokratie oder gar des Jakobinismus bringen konnte.

Deshalb erregte sein Name einen Sturm der Entrüstung. Die Kolonien zogen ihre dem Komitee Dwernicki erteilte Zustimmung zurück, worauf sich das Komitee sehr bald auflöste.

Um mit den Aristokraten in der Emigration an dieser Stelle fertig zu werden, soll gleich gesagt sein, dass sie seitdem auf eine Massenorganisation verzichteten und ihr Augenmerk hauptsächlich auf die Diplomatie richteten. Auf Grund ihrer persönlichen Beziehungen suchten sie die Höfe von Frankreich und England zu einer Aktion gegen Russland zu bewegen. Aus der Geschichte weiss man, welchen Erfolg diese Bemühungen hatten, dass sie ein vollständiges Fiasko erlitten, und dass Russland, ungeachtet aller Noten aus dem Louvre und von St. James ruhig die Autonomie der polnischen Provinzen zerstörte und ihre Institutionen russifizierte.

Mit dem Komitee Dwernicki war es also nichts.

Im übrigen kann die Opposition, welche sich gegen dieses Komitee, sowie gegen das frühere unter Niemojowski erhoben hatte, noch nicht als Resultat einer bewussten demokratischen Gesinnung aufgefasst werden; sie war lediglich eine Aeusserung des Misstrauens, das in den Massen der Emigration gegen die damaligen Führer des verunglückten Aufstandes herrschte.

Da wendeten sich am 16. März 1832 fünf Mitglieder der „Allgemeinen Versammlung der Polen in Paris" (Komitee Lelewel) an ihre Kollegen mit einem motivierten Vorschlage, die Organisation zu reformieren. Dieser Vorschlag wurde ohne Diskussion abgelehnt. Aber schon am nächsten Tage, am 17. März 1832, traten die fünf Initianten aus der Organisation, konstituierten sich als „Demokratische Gesellschaft" und veröffentlichten ein Manifest, das bis zum Jahre 1836 das offizielle Programm der Demokratie blieb. Das also waren die bescheidenen Anfänge derjenigen Demokratischen Gesellschaft, die später während sechszehn Jahren einen so wichtigen politischen Faktor in der Geschichte Polens und der drei dasselbe beherrschenden Staaten bildete.

Der Inhalt des Programms war folgender:

Polen kann auf die Hülfe Europas nur dann rechnen, wenn es die nämlichen Grundsätze annimmt, die schon jetzt überall die herrschenden sind — die Gleichheit und persönliche Freiheit, die Abschaffung der Privilegien und die Zulassung des Volkes zum Mitgenusse des Glücks auf einer gleichen Stufe mit den übrigen Bürgern. Zu diesem Zwecke müssen sich die Demokraten vereinigen und ihre Ideen unter den Polen verbreiten. Die Gemeinschaft mit den Anhängern der entgegengesetzten Meinungen müsse gebrochen werden. Die nationale Einheit sei nur ein Mäntelchen, unter dem sich der Egoismus der privilegierten Klassen verberge. Indem sie so handeln, werden die Demokraten an der Wiederherstellung Polens arbeiten, da sie dem Aufstande die Teilnahme des Volkes — der zahlreichsten und tapfersten Klasse — sichern und sich die Hülfe Europas verdienen werden.

Unter „Europa" verstand man damals selbstverständlich nur die revolutionären und demokratischen Elemente des Westens.

Die Demokratische Gesellschaft fand bald zahlreiche Anhänger. Schon im Jahre 1835 zählte sie 1200 Mitglieder. Aber bis zum Jahr 1836 entfaltete sie keine eigentliche politische Thätigkeit, die auf die Vorbereitung und Organisation eines Aufstandes in Polen selbst gerichtet gewesen wäre. Um nach aussen wirken zu können, musste sie zuerst zur Einheit in ihrem eigenen Schosse kommen und sich eine dominierende Stellung innerhalb der Emigration schaffen. Das letztere Ziel wurde bald erreicht, schwerer ging es mit dem ersteren.

Wenn wir die Akten der Demokratischen Gesellschaft durchsehen, so finden wir dort in den ersten Jahren ein wahres Chaos von Meinungsverschiedenheiten[1]. Um nur einige Beispiele herauszugreifen:

---

[1] Dieses Studium wird uns erleichtert durch die löbliche Gewohnheit der Demokratischen Gesellschaft, den Mitgliedern einzelne politische und sociale Fragen zur Diskussion zu stellen. Die Erörterungen wurden dann später, mit den Meinungen des Vorstandes versehen, lithographiert und an die Sektionen und einzelnen Mitglieder verschickt.

Es gab ganz entgegengesetzte Ansichten in der Frage, wie man Polen wieder herstellen könne. Die einen meinten, dass das nur auf Grund einer siegreichen internationalen demokratischen Revolution geschehen könne (diese Ansicht finden wir sogar im ersten Manifest); die andern wollten nur auf ihre eigenen Kräfte vertrauen. Die Niederwerfung der republikanischen Emeuten in Frankreich in den Jahren 1832 und 1834, und die anscheinende Ruhe, die dann in Europa während langer Zeit herrschte, überzeugte erst allmälig unsere Demokraten, dass sie in erster Linie nur auf sich selbst rechnen könnten. Aber bis das geschah, finden wir Mitglieder der Demokratischen Gesellschaft an allen revolutionären Erhebungen Europas beteiligt[1].

Wichtiger für uns ist die Frage, wie man das Los des Volkes verbessern sollte. Die meisten gingen in ihren Forderungen nicht weiter, als bis zur Aufhebung der Leibeigenschaft, die noch in den meisten Provinzen bestand, und bis zur Verleihung desjenigen Teils von Grund und Boden an die Bauern, den sie bebauten, wobei man darüber stritt, ob die Bauern dieses Eigentum unentgeltlich bekommen, oder ob die Grossgrundbesitzer dafür entschädigt werden sollten. Manche aber gingen weiter. Sie sagten: Wenn man auch den Bauern einen Teil des nationalen Bodens zurückgeben würde, so bleibt in den Händen des Grossgrundbesitzers doch genug übrig, um diesem eine dominierende Stellung im Lande zu sichern. Was wird dann aus allen Grundsätzen der Gleichheit, wenn der eine nur ein kümmerliches Leben fristen, der andere aber die ganze

---

[1] Als sich im Herbst 1832 unter den Mitgliedern der Demokratischen Gesellschaft die Nachricht verbreitete, dass in Deutschland eine demokratische Erhebung für 1833 geplant werde, bereiteten sich viele Polen zur Teilnahme vor. In Avignon wurde sogar von den Eingeweihten ein feierlicher Schwur geleistet (Cirkular der Demokratischen Gesellschaft vom 16. Mai 1833). Wie bekannt, wurde der Frankfurter Putsch so rasch erstickt, dass die Polen nicht die Zeit hatten, den Aufständischen zu Hülfe zu kommen.

Im Savoyer Zug von 1834 bildeten die Polen die Mehrzahl. Im namentlichen Verzeichnis der nach dem Scheitern der Expedition verhafteten Polen (durch die Regierungen der Kantone Genf und Waadt) finden wir 151 Namen (Sammlung von Memoiren und offiziellen Urkunden über die polnische Emigration, Th. I, N. 37).

ökonomische Uebermacht besitzen wird? Sie sahen einen Ausweg nur in der vollständigen Abschaffung des Privateigentums an Grund und Boden, und verteidigten den Grundsatz, dass „die Erde und ihre Produkte nur der Arbeit gehören".
Das war bereits ein Anfang des Socialismus. Vergessen wir hierbei nicht, dass sich diese Emigranten in England und in Frankreich befanden, wo sich gerade der Chartismus, die Ideen eines Fourier und St. Simon und babeufistisch angehauchte Organisationen verbreiteten. Mit ihnen allen standen unsere Polen in engen Beziehungen, und die Ideen des utopischen Socialismus, Kommunismus und Chartismus mussten naturgemäss auf sie einwirken. Wie dieser unbewusste Socialismus während der ersten Jahre des Bestehens der Demokratischen Gesellschaft unter deren Anhängern verbreitet war, das beweist der Umstand, dass wir schon in ihrem ersten Manifest den Satz vom „allen gemeinsamen Boden und dessen Früchten" finden.[1]

Es wäre indes ein gewaltiger Irrtum, daraus zu schliessen, dass die Demokratische Gesellschaft dem Socialismus huldigte. Nein, Sätze wie der obige und manche andere des nämlichen Inhalts, denen wir in den Cirkularen und Artikeln der Demokratischen Gesellschaft begegnen, beweisen nur, dass sich im Schosse dieser Gesellschaft, wie auch in den Köpfen der einzelnen Mitglieder eine Gährung vollzog, bei der die heterogensten Doktrinen mit einander im Widerstreit lagen. Denn, um nur ein Beispiel anzugeben, schon am 12. September 1832 wurde ein Manifest „An die Bürger-Soldaten" erlassen, worin wir lesen, dass „den Bauern, als ihr Eigentum jener Teil des Bodens gehören müsste, den sie jetzt bebauen",[2] was ja der socialistischen

---

[1] Un petit nombre d'hommes privilégiés par l'ancien préjugé et l'ancien abus de l'usurpation, usant exclusivement des *fruits du territoire*, qui *devrait appartenir à tous* . . . (Société Démocratique Polonaise, acte de fondation. Paris, imprimerie de A. Pinard, 1832. p. 25.)

[2] Der grundherrliche Boden bestand damals in Polen aus zwei Teilen, von denen einer dem Bauer zu seinem Unterkommen überlassen war, während auf dem andern Frohndienste geleistet wurden. Der erste Teil gehörte aber ebenfalls dem Grundherrn, der ihn auch willkürlich verkleinern durfte. Die Demokraten forderten die Uebergabe dieses *ersten Teils* des Bodens an die Bauern und die Aufhebung der Frohndienste.

NB. Wir wollen hier bemerken, dass wir alle wörtlichen Citate mit Gänse-

Doktrin der Aufhebung des Privateigentums direkt ins Gesicht schlug.
Solche Gegensätze bemerkte man damals einfach nicht. Erst später entstand ein Kampf zwischen überzeugten Anhängern und Feinden des Socialismus, der, wie wir sehen werden, mit der Verdammung der ersteren und ihrem Austritt aus der Demokratischen Gesellschaft endigte. Aber schon diese anfängliche Unklarheit der Ideen und Infiltration von einzelnen socialistischen Gedanken musste einem entschiedenen Socialismus die Wege bahnen. Dieser erschien denn auch bald.

II.

In dem englischen Städtchen Portsmouth befand sich zu Anfang des Jahres 1832 eine ganz eigenartige Gruppe von polnischen Emigranten; es waren nicht Offiziere, höhere Beamte oder Adelige, die in Frankreich das Gros der Emigration bildeten, sondern wirkliche Proletarier, namentlich von Bauern abstammende Soldaten. Diese waren, 212 an der Zahl, am 14. Februar 1832 nach England gekommen aus der preussischen Festung Graudenz, wo sie die preussische Regierung eine Zeit lang interniert hatte.[1] Von Haus aus geborene Feinde der Reichen,

---

füsschen versehen, wodurch sie von einer gewöhnlichen Inhaltsübergabe zu unterscheiden sind. Die Quelle, welcher das Citat entnommen ist, wird immer dabei genannt, ausgenommen die Fälle, wo man den Ursprung des Citats aus dem Inhalt selbst mit Leichtigkeit ersehen kann.

[1] Von den polnischen Soldaten, welche die preussischen Grenzen überschritten, wanderten viele sofort weiter nach dem Westen und liessen sich in Sachsen oder in Frankreich nieder. Die preussische Regierung widersetzte sich anfangs diesem Zuge nicht, fing dann aber an, die übrigen zur Rückkehr nach Russland und zur Annahme der sogenannten Amnestie des Czaren Nikolaus zu nötigen. Die hierauf bezügliche Verordnung hatte zwar die Anwendung gewaltsamer Mittel verboten, aber in Wirklichkeit wurden die Widerspenstigen mit Stöcken geschlagen und durch Kavallerieattaken gezwungen, über die Grenze zu gehen. Hier erwarteten sie Abteilungen von Kosaken mit zurecht gelegten Stöcken und Ruten (Tagebuch der Emigration, herausgegeben von M. Podszaszynski, Th. I, Nr. 9, p. I. 8; Th. II, Nr. 5, p. 7). Einzelne Abteilungen, wie z. B. das berühmte 4. Infanterieregiment, weigerten sich aber hartnäckig, nach Russland überzutreten. Sie

auf ihre Vorgesetzten erbittert, wegen deren Unfähigkeit, sie im Felde zu führen, oder über den direkten Verrat, den diese Herren im Kriege gegen Russland an ihnen verübt hatten, durch die in Preussen erlittenen Qualen erhärtet in ihrem Hasse gegen alles, was Regierung hiess, bildeten sie einen trefflichen Nährboden für den Socialismus. Das ihnen fehlende geistige Material lieferte ihnen eine andere Gruppe, die kaum ein halbes Dutzend Köpfe zählte, aber aus gebildeten Leuten bestand, die Kolonie von St. Hélier, einer Ortschaft auf der Insel Jersey. Aus diesen beiden Elementen entstand die erste polnische socialistische Gesellschaft.

Als sich in Frankreich die Demokratische Gesellschaft gebildet hatte, traten ihr diese beiden Gruppen bei und bildeten Sektionen von ihr. Die Portsmouthschen Soldaten schickten alsbald der Centralsektion der Demokratischen Gesellschaft (so nannte man anfänglich die oberste Behörde dieser Organisation, später änderte man diesen Namen in den einer „Centralisation") eine „profession de foi", in welcher sie für die „Volkssouveränität" eintraten, wofür sie im Cirkular der Centralsektion vom 25. Dezember 1834 eigens belobt wurden. Bald aber begannen Zwistigkeiten zwischen den beiden Gruppen und der Centralsektion, respektive der ganzen Demokratischen Gesellschaft. So beschwert sich in dem Cirkular vom 12. Dezember 1834 die Centralsektion vor dem Gremium der Mitglieder über die „anarchistischen" Tendenzen der Sektion St. Hélier, welche die Centralsektion nicht anerkennen will. Aus diesen Gründen wurden am 18. März 1835 11 Mitglieder (von 14) der Sektion St. Hélier von der Liste der Demokratischen Gesellschaft gestrichen. Dass sie sich dessenungeachtet in den Reihen der Gesellschaft einer gewissen Sympathie erfreuten, beweist der Umstand, dass bei den bald darauf erfolgten Wahlen der Centralisation der bekannteste unter ihnen, Stanislaus Worcell, obwohl eigentlich nicht mehr Mitglied der

---

wurden in Dirschau, Elbing, Graudenz u. s. w. interniert und man suchte sie durch schlechte Behandlung zur Nachgiebigkeit zu zwingen. Am schlimmsten erging es denjenigen, die in Graudenz bleiben mussten, so schlimm, dass der Name dieser Festung in der Emigration lange für gleichbedeutend mit Hölle galt. Nach langem Zögern gab die preussische Regierung nach und erlaubte den Polen, nach Westeuropa zu ziehen.

Gesellschaft, doch 25 Stimmen auf seinen Namen vereinigte (von 747 Stimmenden).¹

Das Verhältnis zwischen der Portsmouth-Gruppe und der Centralsektion war anfänglich sehr herzlich. Es wurden in der ganzen Gesellschaft Beiträge zur Unterstützung der hungernden Soldaten gesammelt. Man suchte diese vor den Agenten des Fürsten Czartoryski, des Chefs der konservativen Partei, zu schützen, da Czartoryski, nachdem er sich von der Unmöglichkeit der Bildung einer die ganze Emigration umfassenden und unter seiner Kontrolle stehenden Organisation überzeugt hatte, jetzt darauf ausging, die Leute in die Uniform zu stecken und sie auf die Schlachtfelder von Portugal, Algerien und Aegypten zu schicken. Die Sektion Portsmouth sandte ihrerseits an die Centralsektion schwunghafte Adressen, in denen sie ihrer Sympathie für die Sache der Demokratie Ausdruck gab. Dann begann der Streit. Den Anlass dazu gab dieselbe Angelegenheit, wie im Falle St. Hélier. Die Sektion Portsmouth will keine festen Behörden in der Demokratischen Gesellschaft tolerieren und fordert die Mitglieder der Gesellschaft auf, ohne Rücksicht auf die Meinung irgend welcher Centralkomitees die Mittel und Wege zu einer Revolution zu finden. Und schliesslich spricht sich die Sektion Portsmouth in einem Schreiben vom 25. Mai 1835 offen für die Abschaffung des Privateigentums aus. Hier der Wortlaut des entsprechenden Passus:

„Jeder Mensch bringt mit sich auf die Welt das Recht zum Leben und zur Existenz, also ist das Recht zum Leben ein Naturrecht. Nun fragen wir, ob das Eigentumsrecht ein Naturrecht ist, oder ob es nur einen Ausfluss der socialen Institutionen bildet? Die Natur ist die Stiefmutter des Eigentums, denn es gibt kein Eigentum in der Natur. Geheiligt durch jahrhundertelangen Raub, Mord und Plünderung widerstreitet das Eigentumsrecht dem Recht zum Leben, dessen Wurzeln in der Natur selbst liegen. Es tötet das Recht zum Leben und muss deshalb

---

¹ Die ausgewiesenen Mitglieder veröffentlichten am 7. August 1835 einen „Aufruf an die Demokratische Gesellschaft", worin sie den Gedanken entwickeln, dass „das gemeinsame gesellschaftliche Eigentum an die Stelle des individuellen Eigentums treten soll". Dieser Aufruf ist von allen 11 ehemaligen Mitgliedern unterzeichnet.

gestürzt und vernichtet werden, wenn wir die Natur nicht verletzen wollen. Indem wir ein für alle gleiches Recht zum Leben anerkennen, stossen wir schon dadurch das monströse Recht des individuellen Eigentums um. Wie das Recht zum Leben, so ist auch das Eigentum gemeinsam. Das sind unleugbare, unerschütterliche, ewige Wahrheiten, mit denen sich kein Kompromiss schliessen lässt." (Sektion Graudenz der Demokratischen Gesellschaft an alle Mitglieder derselben. Portsmouth den 25. Mai 1835.)

Dieses Schreiben ist unterzeichnet von 123 Mitgliedern der Sektion.

Jetzt entspann sich der Streit. Zuerst antwortete die Centralsektion auf das Schreiben aus Portsmouth, indem sie es im Cirkular vom 15. Juli 1835 reproduzierte. In ihrer Antwort verurteilte sie die Doktrin der Gütergemeinschaft und machte die Mitglieder der Demokratischen Gesellschaft auf die Folgen aufmerksam, die daraus entstehen würden, wenn man die Partei des „Anarchismus, Terrorismus und alles dessen verdächtigte, was die Bosheit der Feinde daraus deuten könnte". Zur selben Zeit bittet sie alle Sektionen und Mitglieder der Gesellschaft, sich über die Frage der Abschaffung des Privateigentums aussprechen zu wollen, um auf diese Weise die Meinung der Majorität feststellen zu können.

Die Antworten liessen nicht lange auf sich warten; sie wurden veröffentlicht im Cirkular vom 12. September 1835. Es sind deren 11, und ihre lithographische Reproduktion umfasst 27 Seiten. Es war das die erste Diskussion in der Demokratischen Gesellschaft über die Frage des Eigentums und sie verdient deshalb eine etwas nähere Betrachtung. Es sei aber im voraus bemerkt, dass *alle* Antworten die Doktrin von Portsmouth verwarfen.

In der Begründung werden meistens keine Argumente gebraucht, man beschränkt sich darauf, die Doktrin zu verurteilen und damit basta. Der Unterschied in den einzelnen Antworten besteht gewöhnlich in dem Grade der Heftigkeit, mit dem man gegen Portsmouth auftritt. Die einzige Sektion, welche die Doktrin einer eingehenden Kritik unterzieht, war die von Vimoutiers. Sie argumentiert folgendermassen:

a) Die Sektion Portsmouth besteht aus Revolutionären; sie erstrebt, wie alle polnischen Demokraten, die Abschüttelung des fremden Joches in Polen. Deshalb sollte sie sich die Frage vorlegen, ob es leichter ist, das Volk zum Kampf gegen die fremden Unterdrücker zu bewegen durch das Versprechen des Privateigentums oder durch die Hoffnung auf ein socialistisches Gemeineigentum. Bei der Prüfung dieser Frage müsste sie zu der Einsicht kommen, dass das Volk die socialistische Doktrin nicht verstehen, geschweige denn beherzigen kann, während es für die Erringung eines eigenen Stückchen Landes sein Letztes daran setzen würde.

b) Der Boden muss in jedem Falle kultiviert werden. Ueberlassen wir die Arbeit dem freien Willen der Einzelnen, so wird sich der Fleissige abmühen, während der Faule ruht. Führen wir aber den Zwang ein, dann bekommen wir eine Tyrannei, gegen welche die des Kaisers Nikolaus wie nichts erscheint.

c) Wie soll praktisch das Gemeineigentum organisiert werden? Wie werden Handel und Bildung im Zukunftsstaate aussehen? Was soll mit den Fabriken und mit dem Gewerbe geschehen?

d) Die Sektion Portsmouth handelt so wie diejenigen Revolutionäre, welche sich mit der Expropriation der Grossgrundbesitzer zu Gunsten der Bauern aus dem Grunde widersetzen, weil noch nicht der ganze polnische Boden vermessen und katastriert worden ist, weswegen manche Bauern zu viel, andere zu wenig erhalten könnten. Um dieser kleinen Ungerechtigkeit vorzubeugen, erdulden sie eine viel grössere, vor allem das fremde Joch, und wollen erst dann die Waffen ergreifen, wenn alles zur Durchführung ihrer Pläne fertig ist. So macht es auch Portsmouth: Es will kein bäuerliches Privateigentum, weil es mit der Zeit zu einer neuen Konzentration des Bodens in wenigen Händen und zur Exploitation des Bauern führen könnte; es will warten, bis alles für die sociale Revolution reif ist. Wir dagegen wünschen etwas Sicheres schon jetzt zu haben und nicht erst in einer nebelhaften Zukunft.

Nil novi sub sole! wird sich jeder sagen, indem er das liest. Und thatsächlich werden noch heute dieselben Argumente wieder und immer wieder gegen den Socialismus ins Feld geführt. Wir müssen noch darauf hinweisen, dass die Argumente *a* und *d*, die sich speciell auf die polnischen Verhältnisse beziehen, auch jetzt noch in Polen von der demokratischen Partei als Kampfmittel gegen den Socialismus gebraucht werden.

Portsmouth blieb eine Antwort nicht schuldig. Sie lautete folgendermassen[1]:

Wir finden in der Geschichte der Menschheit, dass das Eigentum schon oft verletzt wurde, wie z. B. durch die Abschaffung der Sklaverei, der feudalen Privilegien etc. Die französische Revolution bestand aus einer Reihe von Angriffen auf das Eigentum. Wenn wir unsere Blicke auf Polen richten, so sehen wir, dass weder die Kosaken, die das Eigentum des Adels abschafften, und bei denen es keinen Grundbesitz gab, noch die Bauern, die nicht nur die Russen, sondern auch den polnischen Adel während Napoleons Durchzug massakrierten, als Fanatiker des Eigentums betrachtet werden können. Unter Individualeigentum verstehen wir nicht die erworbenen Güter (buchstäblich: „die selbstverdienten"), die wir einem jeden garantieren wollen, sondern nur die erblichen. Wenn man dem Adel einen Teil seines Eigentums abnimmt und es dem Bauern als Individualbesitz gibt, so verletzt man damit ebenso das Eigentum, als wenn man es, wie wir verlangen, gänzlich abschafft; man verdient also den Namen eines Utopisten auch in diesem Fall. Auf die Frage, wie wir das Eigentum organisieren wollen, antworten wir mit den Worten Cromwells: „Ich weiss, was ich nicht wünsche, aber was ich wünsche, das weiss ich noch nicht."

Und nun, um zu allen Einzelpunkten überzugehen:

a) Ihr sagt, dass wir mit unsern Theorien nicht die Bauern für die Sache der Revolution gewinnen werden. Nun stellen wir uns vor, dass der Adel die Bauern zum gemeinsamen Kampf gegen das fremde Joch auffordert, dass er ihnen ein Stückchen Land verspricht, welches er noch selbst verteilen wird, und dass wir andererseits mit unserem Programm auftreten, welches das Vaterland und die Gemeinde zu einzigen Eigentümern des Grundes und Bodens machen will. Dann wird sich ja das Volk ganz sicher auf unsere Seite stellen, wenn wir ihm gegenüber nur eine verständliche Sprache führen, und wenn es uns Glauben schenkt. Was nun die Sprache, in der wir zu den Bauern reden,

---

[1] P. V. p. 23. Die Antwort wurde am 10. Dezember 1835 geschrieben.

angeht, so werden wir diese wohl am besten kennen, da wir selbst Bauern sind, und was den Glauben anbetrifft, so konnte doch der Verlauf des Aufstandes von 1830 den Bauern einen solchen den Edelleuten gegenüber nicht einflössen.

b) „Ob der Boden produktiver sein wird, wenn ein jeder für die Dauer seines Lebens einen gleichen Anteil davon bekommt und er reichlich mit Vieh, Gebäuden und landwirtschaftlichen Geräten versorgt wird; wenn dem Greise die Gemeinde zu Hülfe kommt, wenn Arbeitsamkeit für eine bürgerliche Tugend gehalten wird, und die Schande, mit welcher heute die Arbeit bedeckt ist, mit der Abschaffung der nicht arbeitenden Klassen aufhören wird, wenn der zu bebauende Boden keine Lasten mehr tragen wird, wenn landwirtschaftliche Banken allen mit Hülfe beispringen werden, wenn die allgemeine Bildung Kopf und Herz der Arbeitenden veredelt, wenn die Hindernisse schwinden, welche die Habsucht der Reichen, die alles monopolisieren und nach dem Erbe des Nachbarn lüstern sind, vor uns auftürmt, wenn die beständige Gegenwart einer fremden Laune nicht mehr die Arbeitslust lähmt, die Kinder des armen Mannes zu faulen Lakaiendiensten erniedrigt oder sie zu Werkzeugen roher Gelüste missbraucht, wenn alles das geschieht, dann könnt ihr doch sicher sein, dass auch der Boden ertragreicher sein wird als bisher" (p. 27). Was nun die Furcht vor einem Despotismus seitens der Regierung betrifft, so hat sie keinen Grund, denn: erstens haben wir schon selbst daran gedacht, die Befugnis, die Güter zu verteilen, den örtlichen autonomen Behörden anzuvertrauen; zweitens, werden wir uns denn immer vor der Regierung fürchten? auch dann noch, wenn diese „vom Volke und aus der Mitte des Volkes gewählt, unter einer beständigen Kontrolle des Volkes stehend, vor dem Volke verantwortlich, keine besonderen, dem Volke fremden Interessen besitzend, aus Leuten bestehen wird, die unter dem Einfluss gleicher Institutionen aufgewachsen sind, und was noch wichtiger ist, aus Leuten, in denen weder besondere materielle Vorteile, noch Individualismus noch Habgier den Egoismus geweckt haben?"

c) Auf die Frage, wie denn die zukünftige Gesellschaft organisiert sein wird, können wir heute keine bestimmte Antwort geben, denn das wird sich erst feststellen lassen, wenn das Volk gesiegt haben wird. Wir wollen nur, dass das Eigentum der Gemeinschaft aller Bürger gehöre, und dass erst diese durch Vermittlung der Regierung oder der Gemeinden einem jeden die notwendige Erziehung, den Grund und Boden, die Arbeitsmittel, die Werkstätten, die Bureaux u. s. w. zu teil werden lasse, wobei ihnen die Nationalbanken zu Hülfe kommen und Associationen ausgebildet werden müssen.

d) Auf den letzten Einwand antworten wir nicht, weil er jedem Revolutionär gemacht werden kann, sogar euch, die ihr ja selbst ein freies Polen mit Bauern, welche Grundeigentümer sind, einem solchen mit der jetzt bestehenden Grossherrenwirtschaft vorzieht. Was schliesslich die von uns geforderten Gewaltmittel anbetrifft, so verlangen wir sie, weil uns keine andern ans Ziel führen können.

Als das Resultat dieser Diskussion in der Demokratischen Gesellschaft bekannt gemacht wurde, trat die Sektion Portsmouth aus der Organisation aus und veröffentlichte am 30. Oktober 1835 ein Manifest, betitelt: *Manifest des Polnischen Volkes, Gemeinde Graudenz*[1]. Dadurch wurden die Bande, die noch zwischen den Socialisten und Demokraten bestanden, zerrissen. Es beginnt eine neue Phase, die des selbständigen Handelns.

III.

Jetzt ist es Zeit, sich etwas gründlicher als bisher die Doktrin des „Polnischen Volkes" anzusehen. Zunächst treffen wir hier auf das Manifest vom 30. Oktober 1835. Leider enttäuscht dieses Schriftstück die Hoffnungen, die der Titel erweckt. Es ist keine Zusammenfassung der neuen Lehre, sondern nur ein einfacher Aufruf an die Mitglieder der Demokratischen Gesellschaft, nur für diese verständlich und ganz dem Tagesbedürfnis angepasst.

---

[1] Den Namen „Gemeinde Graudenz" gab sich die Portsmouthsche Gruppe, um damit an die in Graudenz erlittenen Qualen zu erinnern. „Das Polnische Volk" war der Name der gesamten Organisation, der sich später noch andere Gemeinden anschlossen.

Es beginnt mit einer Schilderung der Vergangenheit der Mitglieder des Polnischen Volkes. Kinder des Volkes, sahen sie mit Schauern, wie der Adel die Revolution von ihrem natürlichen Wege ablenkte; sie sahen, wie er nach dem Scheitern der Erhebung auf seine Güter zurückkehrte, oder in reichen Uniformen in der Emigration einherstolzierte, während sie in die „Hölle" von Graudenz gingen, wo sie mit Ketten belastet, zwei Jahre lang das Los einer harten Gefangenschaft trugen. In der Emigration schlossen sie sich der Demokratischen Gesellschaft an, von der sie eine Auferstehung Polens und eine fruchtbare Thätigkeit zur Linderung der Leiden ihres Volkes erhofften. Sie wurden enttäuscht. Die Demokratische Gesellschaft will zwar dem Volke einen Lappen Grund und Boden hinwerfen, aber sie denkt nicht daran, die Ausbeutung des Volkes durch die Reichen zu beseitigen, sondern schafft vielmehr eine andere Geldaristokratie an Stelle der bisherigen. Die Sektionen der Demokratischen Gesellschaft und ihr Vorstand haben die Doktrin von der „Gleichstellung der socialen Stände" verworfen.

Es gibt in ihr keinen Platz für das Volk. Das Volk will keine Almosen, es will sein Recht. Es stützt sich dabei auf die, für alle Christen gleiche, christliche Religion. „Das Symbol der allgemeinen Gleichheit, von Jesus Christus verkündet, muss zur Brüderlichkeit führen. Deshalb wird ein Fortschritt so lange nicht stattfinden, bis nicht die höchste Prophezeiung, die letzte Folge der Brüderlichkeit, vor allem die *Gleichstellung der socialen Stände* ins Leben tritt. So lange wir uns nicht über diesen Punkt verständigen, wird aus allen unseren Bestrebungen gar nichts, denn aus den Gebeinen der alten Tyrannen werden immer neue erstehen. Hier gibt es nur zwei Auswege: entweder man muss die obige Doktrin annehmen, sie als das höchste Ziel der menschlichen Gemeinwesen betrachten, alles, was wir thun, diesem Zwecke anpassen und einzig und allein in seiner Erreichung das für unsere Heimat erforderliche Mass von Reformen erblicken; oder wir müssen zur Partei der Aristokratie übergehen, uns mit Fürst Adam (Czartoryski A. d. A.) versöhnen und uns dem Czaren zu Füssen werfen. Russische Sklaverei, Sibirien oder Algier; Volksmörder, vielleicht Rächer für die

Nacht des 15. August (1831, als das Volk in Warschau eine Anzahl Verräter umbrachte A. d. A.) oder Sektionen der Demokratischen Gesellschaft, die als Censoren fungieren; Bücklinge vor adeligen Herren oder vor Geldprotzen — das alles ist eins. Glaubt uns Bürger, dass das alles nur eine Kette bildet, denn alles geht dem Volke ans Leben. Die Freiheit duldet keine Halbheiten. Knechtschaft oder absolute Gleichheit, Nikolaus oder vollständige Rückgabe der Volksrechte — jetzt könnt ihr wählen....." (Angenommen in der Sitzung vom 30. Oktober 1835, in den Kasernen der polnischen Soldaten in Portsea, Portsmouth. Folgen 147 Unterschriften. P. V. p. 5.) Wir treten also im Namen der wahren Interessen des Volkes auf, und wir gehören zu ihm. Nur diejenigen, die auf alle Rang-, Standes- und Vermögensprivilegien verzichten, bekommen Platz in unsern Reihen. So zu handeln sollte die Aufgabe der Emigration sein, um die Verbrechen ihrer Ahnen abzuwaschen. Wenn sie das aber nicht thut, nun, dann werden wir die nötigen Kräfte auch allein finden.

Dieses Manifest ist unterzeichnet von 141 Mitgliedern der „Gemeinde Graudenz" und folgenden sechs Emigranten, von denen ein Teil sich auf St. Hélier befand: Seweryn Dziewicki, Aleksander Gronkowski, Thadeus Krempowiecki, Roch Rupniewski, Recess Wontrobka, Stanislaus Worcell.

Ausserdem musste jedes Mitglied des Polnischen Volkes folgende Deklaration unterzeichnen:

„Wir Unterzeichnete verzichten auf immer darauf, von irgend welchen socialen Vorteilen Nutzen zu ziehen, die nicht auf Grund der dem ganzen polnischen Volke gemeinsamen Rechte erreichbar sind. Wir verpflichten uns, als Mitglieder dieses in einer Gemeinde organisierten Volkes, dahin zu wirken. ihm alle diejenigen Rechte wieder zu verschaffen, deren Ausübung die wahre Volkssouveränität bildet, und alles zu zerstören, was ein Hindernis zur *Gleichstellung der socialen Stände* bildet und den jetzigen socialen Zustand, der einem Menschen den andern auszubeuten erlaubt, zu bekämpfen. Diesem Ziele weihen wir uns mit der ganzen Hingebung, die von Christus als Grundlage der socialen Erlösung verkündet wurde und die wir als Bedingung und künftige Basis der Gesellschaft betrachten."

Wenn wir jetzt diese beiden Schriftstücke mit dem oben erwähnten Aufruf vom 25. Mai oder mit der Antwort, die der Sektion Vimoutiers gegeben wurde, vergleichen, so finden wir, auch abgesehen von dem hier herrschenden Mystizismus, einen grossen Unterschied. In beiden Fällen haben wir die Forderung der Abschaffung des Privateigentums; in dem erstern Schriftstücke wird sie aber von dem allen Menschen angebornen Recht aufs Leben abgeleitet, welches durch das Privateigentum beschränkt und vernichtet wird, in dem zweiten dagegen aus der Lehre Christi, die die Gleichheit und Brüderlichkeit als Grundlage des menschlichen Zusammenlebens proklamiert und daher alles, was diesen zwei Prinzipien entgegenläuft, also auch das Privateigentum, verdammt hat.

Diese beiden Theorien werden dann weiter ausgeführt. Wer jede von ihnen eigentlich vertreten hat, das können wir mit Sicherheit nicht sagen, da uns keine Beschreibung der innern Geschichte des Polnischen Volkes vorliegt; wir wissen sogar nicht, wer der Verfasser der meisten Schriftstücke war, die uns diese Organisation hinterlassen hat. Bei gewissen Aufrufen und Broschüren ist es aber der Fall, und wenn wir diese mit anderen, von ihren Autoren gezeichneten literarischen Erzeugnissen vergleichen und dabei die zeitgemässen Bemerkungen über einzelne Mitglieder des Polnischen Volkes berücksichtigen, so können wir mit gewisser Sicherheit annehmen, dass der Hauptvertreter der ersten Richtung *Stanislaus Worcell*, der zweite *Zeno Swientoslawski* war.

Worcell war, für die damalige, von romantischer Konfusion so durchseuchte Zeit, ein sehr klarer Kopf. Durch und durch Revolutionär, obwohl Graf und Aristokrat von Geburt, ergab er sich mit seinem ganzen ungestümen Wesen dem Studium und später der Propaganda des Socialismus, weil er dadurch die ganze polnische Emigration zu revolutionieren und sie wie einen Lavastrom sich über Polen ergiessen zu sehen hoffte. Er studierte eifrig die französische Revolution, wovon wir in seinen Schriften zahlreiche Spuren finden, und war grosser Verehrer des alten Verschwörers und Babeufisten Buonarotti. Interessant ist in dieser Hinsicht die Rede, die er auf einer Feier zu Ehren des verstorbenen Buonarotti auf der Insel Jersey den 2. Oktober

1837 hielt.[1] Dort sagte er, dass Buonarotti „Polen besonders
lieb hatte; dass er es als die Schwester seines geliebten Frankreichs, in Bezug auf die Aufopferung für das Glück der Menschheit, betrachtet habe; dass er mit Vateraugen über die polnische
Emigration gewacht habe und alle ihre Bestrebungen befürwortet habe.... Unter der Emigration war ein auserwähltes
Häuflein, das Buonarotti über alles geliebt hat. Denkt aber nicht,
Bürger, dass es irgend eine Oligarchie der polnischen Intelligenz
gewesen ist, die er so geliebt hat.... Nein, es waren die Soldaten von Portsmouth, die einzigen Vertreter der unterdrückten
polnischen Massen, es war die Gemeinde von Graudenz. Warum
darf ich nicht Ihren Augen die rührenden Beweise der väterlichen Fürsorge, mit welchen er sie überhäuft hat, zeigen?" —
An anderer Stelle (P. V. p. 193) sagte er: „Buonarotti war der
erste, der die Doktrin der Gleichmachung der socialen Stände
schriftlich verkündete. Die Gemeinde Graudenz war die erste,
die sie öffentlich annahm."

Ausser dem Einfluss der französischen Revolution und
speciell Rousseaus und Babeufs ist in seinen Schriften, wie
überhaupt in der ganzen Doktrin des Polnischen Volkes, viel
vom St. Simonismus zu finden. Auf diesen Punkt werden wir
noch zurückkommen.

Die Hoffnungen, die Worcell betreffs der revolutionären
Rolle des Socialismus in Polen hegte, erfüllten sich nicht. Deshalb verliess er, obwohl er in seinem Innern seiner Ueberzeugung
treu blieb, doch bald die Organisation des Polnischen Volkes
und trat über zu den Demokraten (zuerst zu der „Vereinigung",
polnisch „Zjednoczenie", dann, nach 1848, zur Demokratischen
Gesellschaft), wo er bis zu seinem Tode (1857) eine der hervorragendsten Rollen gespielt hat.

Swientoslawski war ein Mystiker. Den Socialismus suchte
und fand er in den Evangelien. Daher sind alle seine Anschauungen von einem mystisch-religiösen Hauche umschwebt. Er
blieb seinen Ueberzeugungen, die sich mit der Zeit zu einem
vollständigen religiösen System gestalteten, bis zum Tode treu.
Als nach 1840 die meisten Gebildeten das Polnische Volk ver-

---

[1] P. V. p. 139.

lassen hatten, gewann er dort einen unbegrenzten Einfluss, lenkte die Organisation in ein mystisches Fahrwasser und trug in hohem Grade dazu bei, sie in eine Sekte zu verwandeln. Ein grosses Verdienst hat er sich erworben, indem er die meisten Schriften des Polnischen Volkes sammelte und sie später (1854) in einem dicken Bande (400 Seiten petit) herausgab, wodurch er sie der Vergessenheit entzog.

IV.

Um diese zwei Richtungen genauer zu charakterisieren, werden wir den Inhalt von zwei Haupterzeugnissen des Worcell und Swientoslawski wiedergeben.

Das erste ist eine Abhandlung, betitelt „Ueber das Eigentum", von St. Worcell.

Es gibt, sagt Worcell, zwei Theorien, die das Bestehen des Eigentums zu rechtfertigen suchen. Nach der einen ist es heilig, weil es ein Naturrecht, nach der andern, weil es von Gott angeordnet ist. Was die erste Theorie anbelangt, so sehen wir ja, dass dieses angeblich heilige Naturrecht in den verschiedenen Zeitaltern grundverschieden war. Früher erachtete man zum Beispiel das Besitzen eines Menschen durch den andern als ganz natürlich; Aristoteles suchte die Sklaverei aus der menschlichen Natur abzuleiten und niemand konnte sich einen auf der freien Arbeit beruhenden gesellschaftlichen Zustand auch nur in der Einbildung vorstellen. Und doch ist die Menschheit dazu gekommen, die Sklaverei abzuschaffen! Weiter sehen wir, dass das Eigentum an Grund und Boden die verschiedensten Phasen durchgemacht hat. Bei den meisten Urvölkern war das Grundeigentum gemeinschaftlich; im alten Polen gehörte der Boden dem König, später wurde er unter einzelne Besitzer verteilt. Wie kann eine Einrichtung, die so viele Wandlungen durchgemacht hat und so oft verletzt oder gar abgeschafft wurde, für ein Naturrecht gelten?

Was die zweite Theorie anbetrifft, so fällt sie von selbst dahin, sobald wir die erste nicht anerkennen; denn ein Gesetz, welches in der Natur nicht existiert, kann doch nicht von Gott herkommen. Dazu ist es überhaupt ein Unsinn, die Hand Gottes in jeder menschlichen Einrichtung zu sehen.

Die verschiedenen Fraktionen der polnischen Demokraten, sagt weiter Worcell, indem er zu praktischen Fragen übergeht, sind betreffs der zukünftigen Stellung des Bauern uneinig. Die einen wollen ihm das Recht geben, den Boden, den er bebaut, vom Herrn loszukaufen, die andern möchten den jetzigen Grundbesitzer aus Staatsmitteln entschädigen. Andere sind für die unentgeltliche Uebergabe des Bodens an den Bauern ohne Entschädigung an die Grundbesitzer. Alle sind aber in dem Punkte einig, dass die jetzige Klasse der Grossgrundbesitzer fortbestehen müsse und dass der Bauer den ihm verliehenen Boden in individuellen Besitz nehmen solle. Was wird daraus folgen? Eine Verewigung der politischen Herrschaft des Grossgrundbesitzers über den Bauern, eine Konzentration des bäuerlichen Besitzes in den Händen schlauer Spekulanten und eine neue Knechtschaft. Die Herrschaft des Geldprotzen über den Proletarier wird an die Stelle der heutigen privilegierten Stellung der Adeligen treten. Freiheit, Gleichheit und Brüderlichkeit sind leere Worte, so lange das Eigentum fortbesteht. Ein den Menschen angebornes *Recht* auf Boden und dessen Erzeugnisse ist eine Lüge. Höchstens kann man von einer *Not* sprechen, die der Mensch in dieser Hinsicht hat. Es gibt überhaupt unter den Menschen keine *Naturgesetze*, sondern nur *sociale Gesetze*. So lange die Bevölkerung der Erde noch dünn war, war das Eigentum an den mit grösster Mühe errungenen Erzeugnissen eine sociale Notwendigkeit, ohne welche die Menschheit einfach nicht existieren konnte. Dann bezweckte das Privateigentum die Vervollkommnung der Produktion, jetzt aber ist es nur eine Last, welche die Majorität der Menschen erdrückt. Wenn Christus die ganze Welt frei gemacht hat, indem er den Menschen nur einen Herrn, seinen Vater, gegeben hat, so hat er ihnen auch die Freiheit gegeben, sich Strafe oder Belohnung zu verdienen. Jedermann soll nach seinem Gebot sich durch Pflichterfüllung Rechte erwerben können. Von dieser Zeit an hat, wer nicht arbeitet, kein Recht auf Eigentum. Zu den Grundzügen der heutigen Gesellschaft gehören die Erbschaft und die Ausbeutung der fremden Arbeit. Diese beiden Institutionen erlauben vielen

Menschen ihre Pflichten auf andere abzuwälzen. Man kann sie nur abschaffen, wenn man das Eigentum in die Hände der Gesellschaft legt. Dann verschwindet das müssige Leben und die mit ihm verknüpfte Armut. Der Gegensatz zwischen Individuum und Gesellschaft wird sich ausgleichen, denn ihre Interessen werden gemeinsame. Der Familienegoismus wird verschwinden, denn der Mensch wird von der Familie nur das Leben, nicht, wie heute, auch die Unterkunft erhalten. An die Stelle der Familienerziehung tritt die von der Gesellschaft geleitete. So werden dann die Bande, welche die Menschen vereinigen, viel stärker.

Diese Abhandlung wurde von der Gemeinde „Graudenz" am 2. August 1836 gutgeheissen.

Wenden wir uns jetzt der Schrift Swientoslawskis zu.

Unter dem Titel „Satzungen der Weltkirche" veröffentlichte er den 24. März 1844 eine sehr ausführliche Abhandlung, in welcher er die Art und Weise, wie die zukünftige Weltrepublik organisiert sein solle, auseinandersetzt.

Die Schrift zerfällt in 19 Paragraphen, die folgende Gegenstände behandeln: 1. Der Glaube und der Ritus, 2. Die Pflichten gegenüber den Mitmenschen, 3. Die Einteilung der Kirche. 4. Die Regierung, 5. Die Volksbildung und Volkserziehung. 6. Die Geistlichkeit, 7. Die Gesundheitspflege. 8. Die Wissenschaften, Künste und Erziehung, 9. Die Industrie, 10. Der Ackerbau u. s. w.

Es ist nicht sehr leicht, sich zum wahren Inhalt der Schrift durchzuarbeiten. Ihr Stil und ihre ganze Anordnung ist derjenigen der Bibel nachgemacht. Sie ist offenbar darauf berechnet, von den Gläubigen auswendig gelernt zu werden, denn die einzelnen Abschnitte sind nicht ausführlich behandelt, sondern in ganz kleine Sätze gedrängt, die man bei flüchtigem Lesen oft unbeachtet lassen kann. Im grossen und ganzen können wir über die Organisation der „Weltkirche" folgendermassen resümieren:

Die Religion ist eine monotheistische; es ist die Religion Abrahams, Isaaks, Christi und aller vergangenen und zukünftigen Propheten, die als solche vom ganzen Volke anerkannt werden. Die übrigen Religionen oder Sekten werden toleriert, man wird aber ihre Anhänger durch sanfte Mittel zu bekehren suchen. Zu diesen sanften Mitteln gehört unter andern die Ausschliessung aller Sektierer von der Ausübung der politischen Rechte und die zwangsweise Erziehung ihrer Kinder in der einzig wahren Religion. Einen integrierenden Bestandteil der Religion bilden die Pflichten gegenüber den Mitmenschen, die sich von der allen Religionen gemeinsamen Ethik nur dadurch unterscheiden, dass es verboten ist, den Boden, seine Früchte, die Industrieerzeugnisse und überhaupt irgend etwas, sein Eigentum zu nennen. Dieses Gebot wird verstärkt durch ein Grundgesetz, nach welchem alles, was zur Produktion dient oder ihr Produkt darstellt, das Eigentum der Weltkirche bildet und von ihren Beamten verwaltet, eventuell verteilt wird.

Die Weltkirche ist in Nationen geteilt, diese in Provinzen, Kreise und Gemeinden. Ihre Hauptstadt bildet eine Burg, auf der Suezmeerenge gebaut. Dort residiert die oberste Behörde, der Stellvertreter Christi. Dieser Stellvertreter wird vom Volke der Welthauptstadt und von allen zugereisten Bürgern, die sich zur gegebenen Zeit dort befinden, aus der Mitte der sogenannten Kirchencesaren gewählt. Er befindet sich unter der Aufsicht des obersten Gerichtes und kann von ihm abgesetzt werden. Er ist auch von einem Rate umgeben, hat aber keine Verpflichtung, dessen Ratschläge zu befolgen. Es besteht überhaupt jede Behörde nur aus einem Mann, denn alle ihre übrigen Mitglieder sind nur unverantwortliche Ratgeber.

Der Stellvertreter ernennt je einen Landesverwalter für jede Nation aus den Mitgliedern des entsprechenden Landesausschusses; diese ernennen in derselben Weise Provinzverwalter u. s. w. Diese Landes-, Provinz- und Gemeindeverwalter besetzen alle übrigen kirchlichen, militärischen, industriellen etc. Aemter aus den übrigen Mitgliedern der Ausschüsse. Die Verwalter werden ihrerseits von den Landes-, Kreis- und Gemeindegerichten überwacht.

Was die Ausschüsse anbetrifft, so ist ihre Zusammensetzung eine ziemlich sonderbare; sie werden nämlich von den Schülern der öffentlichen Schulen aus deren eigener Mitte gewählt. Den Schülern, welche ihre allgemeine Bildung beendigt haben, wird jedes Jahr eine Liste der voraussichtlich im nächsten Jahre vakanten Beamtenstellen zugestellt. Darauf wählen sie eine entsprechende Anzahl der fähigsten unter ihnen, die dann in specielle Schulen treten. Durch diese werden nach absolviertem Kursus zuerst die untersten Beamtenstellen besetzt, die fähigsten aber, die wieder durch die Wahl bestimmt werden, rücken in höhere Lehranstalten, um zu höhern Beamten ausgebildet zu werden u. s. w.

Das Gemeindegericht, das unter anderem auch zur Ueberwachung der Gemeindebeamten bestimmt ist, besteht aus allen Bürgern der Gemeinde. Sie wählen aus ihrer Mitte die Kreisgerichte, diese wieder Landesgerichte u. s. w.

Die oberste Leitung der Industrie, des Ackerbaues und der schönen Künste übernimmt der Stellvertreter Christi; unter ihm befinden sich die Landes-, Kreis- und Gemeindebeamten, welche statistische Erhebungen über die Bedürfnisse der Bevölkerung machen und dementsprechend die Arbeit organisieren. Jeder bekommt alles, was zur Befriedigung seiner Bedürfnisse notwendig ist und ist gehalten, in einer gewissen, von den Behörden festgesetzten Weise zu arbeiten.

Die Frauen sind den Männern gleichberechtigt. Gegen Völker, die das Eigentum anerkennen, wird so lange Krieg geführt, bis sie sich bekehrt haben.

V.

Die obenerwähnten Abhandlungen bilden die Haupterzeugnisse des polnischen socialistischen Gedankens zu jener Zeit. In den 201 Adressen, Abhandlungen und Aufrufen, die im Werke Swientoslawskis gesammelt sind und den paar Dutzenden, die er nicht veröffentlicht hat, die aber vom Polnischen Volk auch herausgegeben wurden, finden wir daneben sehr wenig originelle Gedanken. Doch sind dort Einzelheiten, die man hervorheben muss.

Wie sich das Polnische Volk die Gestaltung der zukünftigen Gesellschaft vorstellte, das ist schwer zu sagen. Wahrscheinlich hatten sie keinen konkreten Plan (ausgenommen das in den „Satzungen der Weltkirche" entworfene Bild, was aber zu einer spätern Periode gehört). Eine Andeutung aber, dass, nach ihrer Meinung, die Abschaffung des Eigentums nur in der Verwandlung der Rechtstitel bestehen sollte, dass aber die Produktion individuell, obwohl unter der Kontrolle der Gesellschaft, geführt werden sollte, finden wir in folgendem Passus, den wir nicht wörtlich citieren können, da die damalige schwulstige Sprache sich nur mit grosser Schwierigkeit übersetzen lässt, den wir aber so treu, wie möglich, wiedergeben:

Die Gesellschaft ist die einzige Eigentümerin aller Produktionsmittel. Sie verteilt dieselben, also den Grund, die Industriegeräte, die Räumlichkeiten u. s. w. an die einzelnen Mitglieder, an jeden nach seiner Begabung. Ein System von Nationalbanken und Leih- und Hülfskassen soll den Bürgern ermöglichen, sich zu vereinigen und solche wirtschaftliche Unternehmungen zu gründen, die die Kräfte einzelner Individuen übersteigen. Die Gesellschaft sorgt für die Erziehung der Kinder und für die Unterkunft der Greise und Arbeitsunfähigen (P. V. p. 26). Jeder Produzent geniesst also die Früchte seiner Arbeit, was eine Ungleichheit der Genüsse zur Folge haben könnte; da aber, wie wir gesehen haben, das Polnische Volk gegen eine Bevorteilung der Mehrbegabten sich ausgesprochen hat, so muss man annehmen, dass dieser Bevorteilung durch eine entsprechende Verteilung der Arbeitsmittel vorgebeugt werden sollte.

In welcher Weise gedenken die Socialisten das Eigentum überall und speciell in Polen abzuschaffen?

Auf diese Frage finden wir eine Antwort im Briefe der „Gemeinde Graudenz" an die Sektion Fontainebleau der „Demokratischen Gesellschaft"[1] und im Protest gegen den offenen Brief der „Demokratischen Gesellschaft" an den französischen Ministerpräsidenten[2]. In der ersten Schrift heisst es, dass nur die Gewalt eine neue Ordnung der Dinge schaffen kann. Diejenigen, die sich vor den Gewaltakten der französischen Revolution scheuen, sollen sich nur an die Greuel jeder Reaktion erinnern, dann werden sie schon ihre Meinung ändern. Ueberhaupt sei die Gewalt nur dann zu verdammen, wenn sie sich nicht auf das Recht stützt; sie die Loyalisten, haben aber das Recht mit sich, da sie die Menschheit von ihren jetzigen Uebeln befreien wollen. Eine friedliche Propaganda würde sie nie ans Ziel führen, denn ihre Feinde sind zu mächtig. Die nötigen Kräfte meinten sie im Volke selbst zu finden. In der zweiten

---

[1] P. V. p. 28.
[2] P. V. p. 33.

Schrift erwarten sie ausserdem die Hülfe der bevorstehenden allgemeinen europäischen Revolution.

Den 22. November 1836 veröffentlichte das Polnische Volk eine „Antwort auf das zweite Projekt eines Manifestes der Demokratischen Gesellschaft", worin es dieses Projekt einer rücksichtslosen Kritik unterzieht. Gleichzeitig wurden dort einige neue Fragen erörtert. So unter anderem:

Der Panslavismus, der damals in der Emigration stark verbreitet war, wird entschieden verdammt.[1] Zuerst spottet man über die Götter Lelum Polelum und Swistum Poswistum, die die moderne Wissenschaft ersetzen sollen, über den Mäuseturm von Goplo, dieses angebliche Juwel der slavischen Architektur u. s. w. Dann wird gezeigt, dass eine gemeinsame Synthese des slavischen Geistes nicht existiert; denn erstens wisse man sehr wenig von den urslavischen Institutionen, zweitens waren sie vollständig barbarisch und für die jetzige Zeit unanwendbar. Ausserdem bildet das Slaventum für Polen eine grosse Gefahr, denn das Slaventum und Russland sind zwei identische Begriffe.

Weiter finden wir in derselben Abhandlung heftige Angriffe auf die römische Kirche. Das ist interessant, denn man könnte denken, dass Leute wie Worcell u. dgl. das Christentum in ihr Programm eingeflochten hätten, nur um die Bauern auf ihre Seite zu locken, wegen der damaligen grossen Religiosität des polnischen Volkes. Dann sollten sie sich aber hüten, die Religion oder die Kirche in irgend welcher Art anzugreifen. In der Wirk-

---

[1] Man muss den damaligen Panslavismus mit dem jetzigen nicht identifizieren. Der polnische Adel hatte zu jener Zeit noch so starke Erinnerungen an die Selbständigkeit Polens und solche Hoffnungen auf ihre baldige Wiederherstellung, dass er an die Möglichkeit glaubte, einst eine führende Rolle in der slavischen Welt einnehmen zu können. Andererseits glaubte er, das Slaventum als Waffe gegen die deutschen und russischen Unterdrücker gebrauchen zu können. Die Deutschen waren ja die „angebornen" Feinde der Slaven, die Russen dagegen wurden als nichtslavische Mongolen dargestellt. Die slavische Welt sollte sich zu einer Föderation unter der Hegemonie Polens vereinigen. Man stützte sich dabei auf den gemeinsamen Ursprung der Sprachen und auf die urslavischen Institutionen, wie der gemeinsame Besitz des Grund und Bodens, deren Ueberreste noch in allen Ländern erkennbar sein sollten. Solchen Ansichten huldigten Mickiewicz, Lelewel u. a.

lichkeit bildete aber das religiös-mystische Element der Lehren der Gemeinde Graudenz kein agitatorisches Mittel, sondern entsprang einer wahren Ueberzeugung und gerade deshalb hatten diese Leute den Mut, die Kirche und hauptsächlich ihre höchste Leitung anzugreifen. „Es gibt kein Christentum in Rom, sagten sie. Sind denn die Priester des Vatikans keine Knechte der Herren dieser Welt und beweihräuchern sie nicht die Götzen der Gewalt und der Finsternis? Die römische kirchliche Hierarchie hat das Christentum verraten, sie hat sich von ihrer Mission abgewendet. Einst war sie notwendig, da sie die Ziele des Heilands noch verstand, die Gewalt der antiken Welt zerstörte und die Kirche, das heisst die Gesellschaft repräsentierte . . . . . wo sie Scepter zerbrach und Länder eroberte, um dadurch dem Volke eine gesegnete Hülfe zu bringen. Jetzt aber ist das Wort Christi wieder im Volke lebendig."

Drittens wird die Gleichheit der Menschen nicht als Naturrecht, sondern als gesellschaftliches Recht dargestellt. Die Menschen sind ungleich, der eine hat mehr, der andere weniger physische und intellektuelle Kräfte, aber alle leisten etwas, um das Gemeinwohl zu fördern, nach dem grössern oder kleinern Masse ihrer Kräfte; deshalb haben sie alle das Recht, die Gleichheit anzustreben und zu verlangen.

Weiter finden wir noch eine grosse Abhandlung, betitelt „An das polnische Volk in der Emigration", geschrieben von Zeno Swientoslawski,[1] die aber nur ein Chaos von mystischen Betrachtungen über die „Mission" des polnischen Volkes etc. enthält.

Alles übrige, was das Polnische Volk herausgegeben hat, besitzt gar keinen theoretischen Wert und kann nur als historisches Material von Interesse sein.

VI.

Wir kommen zur Geschichte unserer Socialisten. Wir haben schon gesehen, dass sie, anfänglich Mitglieder der Demokratischen Gesellschaft, dann aus ihr ausgetreten sind und sich als das „Polnische Volk" konstituiert haben. Seit dieser Zeit beginnt

[1] P. V. p. 303—345.

ihr selbständiges Wirken. Sehen wir uns zuerst die äussern Verhältnisse ihres Lebens an. Die englische Regierung gab auf Grund eines Parlamentsbeschlusses von 1834 allen polnischen Emigranten eine fixe Besoldung. Diese wurde ihnen aber nicht direkt eingehändigt, sondern durch die Vermittlung der „Litterarischen Gesellschaft der Freunde Polens", eines aus Engländern und Polen zusammengesetzten Vereins. Die „Litterarische Gesellschaft" (die, beiläufig gesagt, noch jetzt existiert) war aber fast ausschliesslich aus Anhängern des Fürsten A. Czartoryski zusammengesetzt, die keine Freunde von Demokraten, geschweige denn von Socialisten waren. Als nun die 212 Soldaten, die später die socialistische Kolonie bilden sollten, am englischen Ufer gelandet waren, erschienen gleich bei ihnen Agenten des Fürsten, um sie zur Abreise nach Algier zu überreden. Dazu kam es aber nicht und die Soldaten liessen sich in Portsmouth nieder. Spätere ähnliche Versuche des Fürsten blieben auch erfolglos, was natürlich die „Litterarische Gesellschaft" gegen die Portsmouther Emigranten stark erbitterte. Es wurde ihnen eine Besoldung gegeben. Die meisten erhielten nur 28 Schillinge per Monat, von denen man noch 7 Schillinge für die Wohnung abzog. Diese Wohnung bestand aus einer alten verwitterten hölzernen Kaserne, die ursprünglich als Spital für Cholerakranke gedient hatte. Die reichen Spenden, die man in England für die polnische Emigration sammelte und die nicht nur in Geld, sondern auch in Kleidung, Wäsche etc. bestanden, wurden anderswo verteilt, so dass sich die Portsmouther noch im Jahr 1840 darüber beklagten, dass sie noch immer ihre aus Polen gebrachten Soldatenuniformen tragen müssten. Mit diesen 21 Schillingen mussten die Soldaten für ihren Unterhalt sorgen; ausserdem zahlten sie Beiträge in ihre Vereinskasse, um die Kosten des Druckes und der Expedition von Aufrufen, Broschüren etc. zu bestreiten. Diese Steuern mussten sehr hoch sein, denn wir lesen oft in den Vereinsprotokollen, dass aus der Kasse ganz beträchtliche Summen für verschiedene Zwecke bewilligt wurden.[1]

---

[1] So zahlten sie z. B. den 29. November 1840 zur Bestreitung der Kosten der Feier des Aufstandes von 1830 eine *Extrasteuer* in der Höhe

Nach dem Bruche mit der Demokratischen Gesellschaft entwickelte das Polnische Volk eine rastlose Thätigkeit. Das Programm („Manifest des Polnischen Volkes") wurde gedruckt, ebenso einige Aufrufe an die Mitglieder der Demokratischen Gesellschaft, dann eine „Anklageakte gegen die sogenannte Demokratische Gesellschaft wegen ihres Manifestes an den französischen Minister des Innern vom 31. Oktober 1835", ein „Bericht der Kommission der Gemeinde Graudenz über ihre dreimonatliche Thätigkeit seit dem 4. November 1835", zwei Broschüren über das Programm der Demokratischen Gesellschaft, eine Broschüre an die polnische Emigration und einige andere kleinere Schriften. Das alles erschien während 1835 und 1836. Ausserdem wurden zahlreiche Briefe geschrieben, an jeden, von dem man annehmen konnte, dass er den Anschauungen des Polnischen Volkes nicht ganz feindlich gesinnt sei. Auch veröffentlichte man in den englischen Zeitungen Aufrufe „An die Völker Europas", „An das englische Volk", „An die englischen Radikalen", „An O'Connor" u. s. w. u. s. w. — Sonderbar ist es, dass man keine Spuren von näheren Beziehungen zwischen dem Polnischen Volk und den Chartisten findet.

Die Wirkungen dieser ganzen Thätigkeit entsprachen, man muss es gestehen, keineswegs der Summe der Energie, die dazu verwendet wurde. So finden wir nur eine einzige Stelle in den Thätigkeitsberichten des Polnischen Volkes, worin über eine Verbreitung der socialistischen Schriften in Polen selbst berichtet wird. Dasselbe finden wir in den „Memoiren des Grafen Wiesiolowski", Lemberg 1868, pag. 8, der sagt, dass die Schriften der Gemeinde Graudenz in den 30er Jahren in Galizien verbreitet waren. Ueberhaupt kann man sagen, dass es in den 30er Jahren in Polen keine revolutionäre Fraktion und auch, so viel bisher bekannt, kein Individuum gab, welche in ihren socialen Forderungen weiter als bis zum Verlangen einer unentgeltlichen Betheiligung der Bauern an Grund und Boden gegangen wäre. In der Emigration ging es besser, aber auch nicht sehr gut.

---

von 14 Schilling 3 Pence bei einer Besoldung von 3 Pfund Sterling (60 Schilling) monatlich. 9 Schilling 6 Pence bei 2 Pfund Sterling und 4 Schilling 9 Pence bei 1 Pfund Sterling Besoldung! (P. V. p. 219.)

Wir haben schon gesehen, dass sich bei Gelegenheit der *ersten* Diskussion über die Frage des Eigentums in der Demokratischen Gesellschaft *alle* Antworten *gegen* die Abschaffung des Privateigentums richteten. Dieses ungünstige Ergebnis spornte aber das Polnische Volk zur Thätigkeit. Während des Jahres 1836 wurden die meisten Denkschriften ausgegeben. Ausserdem suchte man für die socialistische Doktrin Anhänger, auf dem Wege der schriftlichen oder mündlichen Belehrung zu gewinnen. Die Resultate waren aber auch sehr spärlich. So finden wir in den Comptes rendus der Gemeinde Graudenz, dass im März 1836 ein gewisser Fabian Stempniewicz Mitglied der Gesellschaft wurde; während der Zeit zwischen dem 5. September und 4. Dezember 1836 sind beigetreten: drei Mitglieder aus Rheims, zwei aus Versailles, ein Mitglied aus dem Quartier des Batignolles in Paris. Ausserdem sympathisierten mit der Gesellschaft die Sektionen der Demokratischen Gesellschaft Chaillot und Pantheon. Den 14. März bilden die auf Jersey weilenden Socialisten (acht Mann) eine „Gemeinde", der sie den Namen „Human" geben, nach dem Namen eines polnischen Städtchens, dessen sämtliche Einwohner (20,000 an der Zahl) während der ersten Auflehnung gegen Russland (die Confédération von Bar 1768—1772) von den aufgehetzten Bauern ermordet wurden.

Das ist alles, was man als *unmittelbaren* Einfluss des Polnischen Volkes mit Sicherheit bezeichnen kann. Die Verbreitung der Doktrin ausserhalb des Polnischen Volkes war auch zu dieser Zeit nicht gross. Die meisten demokratischen Elemente gehörten schon damals zur Demokratischen Gesellschaft, die sich immer fester organisierte und den Emigranten durch die Zahl ihrer Mitglieder, die beträchtlichen Geldmittel, die sie sammelte und die Hoffnungen auf eine baldige und wirksame revolutionäre Thätigkeit in Polen, imponierte.

Welche Ausbreitung die socialistischen Ideen im Schosse der Demokratischen Gesellschaft gewonnen haben, erfahren wir in der Diskussion über das zweite Manifest (Programm) der Demokratischen Gesellschaft, die bald nach der oben erwähnten Diskussion (1836) stattfand.

Im Entwurf, der von der Centralisation der Demokratischen Gesellschaft den Mitgliedern zur Diskussion und Abstimmung unterbreitet wurde, finden wir ebenso, wie im ersten Manifeste einzelne Stellen, die man sehr gut für socialistisch halten könnte, wenn ihnen nicht wie im ersten Falle der ganze Inhalt des Schriftstückes und diesmal auch direkt manche Stellen widersprochen hätten. So wird dort gesagt: „Die Gleichheit der Rechte und die Gleichheit der Pflichten der Menschen bildet eine direkte Folge dieser grossen, vom Christentum verkündeten Wahrheit, dass allen Menschen dieselbe Natur gemeinsam ist."

„Alle Menschen sind in ihren Rechten gleich, alle haben dasselbe Recht der Befriedigung aller ihrer physischen, intellektuellen und moralischen Bedürfnisse, der Benützung, Entwicklung und Vervollkommnung aller ihrer Eigenschaften. Jeder hat das Recht, alle Vorteile des socialen Lebens zu geniessen, und um sie zu erlangen hat jeder das Recht auf einen Anteil an der Volkssouveränität."

Die letzte Stelle zeigt uns, was für praktische Folgen man aus der „Gleichheit der Rechte" ziehen wollte. Eine andere Stelle klingt wieder socialistisch:

„Eine auf das Prinzip der Gleichheit gestützte Gesellschaft verbürgt allen ihren Mitgliedern die gleichen Vorteile und entlohnt einen jeden gemäss seinen Leistungen und Fähigkeiten."

Aber weiter werden daraus folgende praktische Schlüsse gezogen:

„Die sociale Umwälzung in unserem Vaterlande kann sich nicht mit der Sprengung der Ketten der an die Scholle gefesselten Sklaven begnügen. Man muss sie auch zu Eigentümern dieses Bodens machen, den sie bisher im Schweisse ihres Angesichtes zum Wohle anderer bebauten."

Es wird also verlangt, dass man den Bauern den Boden, den sie selbst bearbeiten, in *persönliches Eigentum* geben soll. Dabei wendet sich ein Schlusspassus des Manifestes an die Grossmut der Edelleute. Das alles hat mit dem Socialismus gar nichts gemeinsam.

Dieser Vorschlag fand eine sehr geteilte Aufnahme. Es wurden 16 Gegenvorschläge eingeschickt, die grössere Teile des Projektes des Vorstandes behandelten, zwei ganz ausgearbeitete Projekte und 116 kleine Zusätze. Manche von diesen Vorschlägen haben eine mehr oder weniger socialistische Färbung.

Die Sektion *London* fordert direkt die Aufnahme des Grundsatzes, dass „das individuelle Eigentum in Gemeineigentum übergehen muss". Die Sektion *Pantheon* schickte einen ganzen Entwurf eines Manifestes, in welchem wir unter anderem lesen: „Der Boden, als Quelle der Befriedigung der Lebensbedürfnisse, ist für Alle geschaffen, kann also das ausschliessliche Eigentum Einzelner nicht bilden. Die Bodenprodukte gehören Allen, der Boden selbst — Niemandem.... Damit die Individuen frei wirken und sich entwickeln können, müssen sie unabhängig von einander sein. Eine notwendige Bedingung dieser Unabhängigkeit bildet aber der Besitz der Mittel einer materiellen Existenz, des individuellen Eigentums, namentlich der Arbeit. Es gibt also ein gemeinsames, *nationales Eigentum*, und das ist — *der Boden*, und ein *individuelles* — *die Arbeit*."

Diese Sätze könnten schon als Socialismus gelten und werden auch so behandelt, obwohl wir in demselben Entwurfe von der „reaktionären Doktrin der Gemeinschaft der Güter" lesen. Ausserdem verlangten noch zwei Mitglieder aus *Rheims* die Lösung der Eigentumsfrage in dem Sinne einer Aufhebung desselben, indem sie sich auf die Verdammung aller Privilegien durch das Manifest der Demokratischen Gesellschaft stützten. „Denn was ist das Eigentum", fragten sie, „als auch ein Privilegium?"[1]

Bei der Abstimmung wurde der Entwurf der Centralisation mit verschiedenen Zusätzen, die aber alle einen individualistischen Charakter tragen, durch 709 Stimmen (bei einer Gesamtzahl von 838 Stimmenden und 1060 Mitgliedern der Demokratischen Gesellschaft) angenommen: zu Gunsten des Entwurfes der Sektion Pantheon fielen 35 Stimmen.

Zu dieser Zeit wurden auch die meisten Adressen an pol-

[1] Der bekannte polnische Historiker der neueren Zeit, B. Limanowski (*Geschichte der socialen Bewegung des XIX. Jahrhunderts*, Lemberg 1890), hält nicht nur alle oben erwähnten Sektionen und Mitglieder der Demokratischen Gesellschaft für Anhänger des Kollektiveigentums, sondern rechnet zu dieser Kategorie auch die Aeusserungen der Sektion *Chaillot*, sowie von zwei Mitgliedern aus Versailles und einem Mitglied aus Batignolles (p. 452). Wir sind nicht seiner Meinung und würden dazu nur die zwei Mitglieder aus Rheims und der Sektion London rechnen, wobei wir bemerken, dass in der zweiten Abstimmung die Sektion London *einstimmig* für den individualistischen Entwurf der Centralisation gestimmt hat.

nische und ausländische politische Körperschaften oder ganze Stände veröffentlicht.

Die Taktik des Polnischen Volkes war in allen diesen Angelegenheiten dieselbe, wie diejenige einer modernen, socialdemokratischen Partei, die erst ihre Thätigkeit in einem Lande zu entwickeln beginnt. Wie hier, so auch dort suchte man vor allem diejenigen Elemente, auf welche man rechnen konnte, in ihren Ansichten zu kräftigen und hütete sich deshalb vor irgend welchen Kompromissen mit den andern, bürgerlichen Parteien. Die Thätigkeit der Demokratischen Gesellschaft wurde von Anfang bis zu Ende eine freiheits- und volkswidrige genannt, jede gemeinschaftliche politische Aktion mit nichtsocialistischen Gruppen abgelehnt. Wären die socialen und politischen Umstände des damaligen Polens und der Emigration für die Verbreitung des Socialismus günstig gewesen, dann könnte diese Taktik vorteilhaft für die Partei gewesen sein, denn sie hätte zur Bildung einer Schar von fanatischen Anhängern der Doktrin geführt, die des Unterschiedes zwischen den Theorien des Socialismus und denjenigen der bürgerlichen Demokratie etc. ganz bewusst wären und gute Offiziere einer zukünftigen socialistischen Armee bilden könnten. Das war aber nicht der Fall.

Auf Russisch Polen lastete gerade damals der grösste Druck des Nicolaitischen Systems. Jede öffentliche politische Thätigkeit war unmöglich und auch die geheime im höchsten Grade erschwert durch eine Armee von geheimen Agenten, Passzwang auch für die innern Provinzen des Reiches etc. Alle Personen mit ausländischen Pässen waren aufs strengste bewacht und einen Pass ins Ausland zu bekommen, galt als specielle Gnade des Kaisers. In Galizien und Preussischpolen war es nicht viel besser; in beiden Ländern herrschte, hauptsächlich was Polen anbetrifft, der Metternichsche Geist. Die Republik Krakau war unter strenger Aufsicht Oesterreichs, das auch diese Stadt militärisch besetzte, wenn es galt, Emigranten zu vertreiben etc.

Ein noch grösseres Hindernis der Verbreitung socialistischer Theorien bildeten die socialen Verhältnisse des damaligen Polens. Eine Industrie existierte nicht, ihre Keime waren von den Regierungen Russlands und Oesterreichs sorgfältig vernichtet worden. Die Städte waren klein und voll von Juden, die von Krämerei und Hansieren lebten, grösstenteils zur fanatischen Sekte der Chassiden gehörten und das denkbar ungünstigste Element für eine socialistische Propaganda bildeten. Der Bauer lebte zwar oft in grenzenlosem Elend, er war aber von der Aussenwelt ganz abgeschnitten. Die patriarchalischen Verhältnisse des damaligen polnischen Dorfes halfen in dieser Hinsicht den Regierungen. Die von den Regierungen sorgfältig unterhaltene Feindschaft des Adels und der Bauern machte es sogar einem zufälligerweise zum Socialismus bekehrten Adeligen unmöglich, im Sinne seiner Ansichten auf die Bauern einzuwirken. Die einzige Person ausserhalb der Regierung, die noch einen Einfluss auf den Bauern hatte, war der Priester. Die socialistische Propaganda des Paters Sciegienny in den Provinzen Lublin und Kielce gewann Tausende von Bauern, aber das war ein Zufall.

Die Demokraten standen in viel günstigeren Verhältnissen. Sie hatten eine zahlreiche und damals noch ziemlich starke Klasse, auf welche sie sich stützen konnten, den kleinen Adel. Dieser war auch verhältnismässig am freiesten in politischer Hinsicht, denn wer konnte kleine adelige Gehöfte in entlegenen Provinzen kontrollieren, was wusste die Polizei von den Versammlungen, die dort unter harmlosen Vorwänden abgehalten wurden? Ein Emissär aus dem Auslande, der zu diesen Leuten Zutritt bekommen hatte, konnte jahrelang sich verborgen, ohne von der russischen Polizei gefunden zu werden. Das Beispiel des Szymon Konarski zeigt es uns am besten.

Was aber gut für den Demokraten war, war es keineswegs für einen Socialisten. Der kleine Adel war gerne bereit, die kleinen materiellen Vorteile, die er aus dem Frohndienst oder aus der Leibeigenschaft zog, auf dem Altare des Vaterlandes zu opfern; aber zu einer Entsagung aller Güter könnten sich höchstens Fanatiker emporschwingen. Die Propaganda des Polnischen Volkes hatte, mit einem Worte, nur ganz minimale Aussichten auf Erfolg. Noch eine, vielleicht die wichtigste Ursache der Unmöglichkeit einer grössern Verbreitung der socialistischen Ideen war die Spärlichkeit der Geldmittel des Polnischen Volkes. Sie konnten keine Emissäre nach Polen schicken und mussten sich begnügen mit den seltenen Fällen einer Gelegenheit zur Verschickung ihrer Werke.

So lange der erste Enthusiasmus in Flammen loderte, waren die Mitglieder des Polnischen Volkes erfüllt von guten Hoffnungen. Aber Monate um Monate verstrichen, bald waren seit dem Bruche mit der Demokratischen Gesellschaft zwei Jahre verflossen und es zeigten sich fast keine Resultate der Thätigkeit. Polen schien ein grosser Friedhof zu sein und die Emigration wurde immer mehr von den Demokraten und Aristokraten beherrscht. Ausserdem wollte, dank der intransigenten Haltung des Polnischen Volkes gegenüber den übrigen Fraktionen der Emigration, niemand mit ihnen verkehren; alle ihre politischen Vorschläge waren boykottiert. Sie bekamen keine Unterstützungen, ihre Schriften wurden aufgefangen und vernichtet. Man darf sich nicht wundern, dass sich bald Abtrünnige unter den Mitgliedern des Polnischen Volkes gefunden haben, und dass sie, andererseits, ihre Misserfolge nicht den Verhältnissen, sondern einzelnen unter sich zugeschrieben haben. Es ist überhaupt kaum begreiflich, wie unter solchen Umständen die Organisation dennoch zehn volle Jahre existierte und thätig war. Dabei ist höchst charakteristisch, dass die intelligenten Elemente allmählich das Polnische Volk verlassen haben (mit einziger Ausnahme des Swientoslawski), dass aber die Bauern, trotz allen Verfolgungen und allem Elend, bis zum letzten Augenblicke treu zur Fahne gestanden sind.

Den ersten Riss in der Organisation bildete die Streichung Thad. Krempowiecki und Seweryn Dziewicki aus der Liste der Mitglieder, weil sie für ein gemeinsames Handeln mit der Emigration in London aufgetreten waren, worin die übrigen einen Verrat erblickten. Die wahre Ursache scheint die zu sein, dass die beiden obengenannten unter der zahlreichen polnischen Emigration in London ein viel grösseres Feld für ihre Thätigkeit gefunden hatten, als in Portsmouth. Die Ausgewiesenen hatten viele Anhänger in der Organisation. Diese waren mit dem Beschlusse unzufrieden und im März 1838 kam es zu einer Spaltung. 55 Mitglieder trennten sich und bildeten mit Krempowiecki einen „Cirkel der Anhänger der socialen Pflichten". Dieser Cirkel hat einige Druckschriften herausgegeben, die aber keine Aufmerksamkeit verdienen. Die 57 Getreuen, die geblieben waren, bildeten am 21. März 1839 einen „Ausschuss der Gemeinde Graudenz in London", der aus sechs Mitgliedern bestand und eine rege

Korrespondenz mit dem Muttervereine unterhielt. Zu diesem Ausschusse gehörte auch Worcell und es geschah mit ihm dasselbe wie mit Krempowiecki. Die Aussicht, eine bedeutende politische Rolle in der Emigration zu spielen, wozu ihm seine Fähigkeiten das Recht gaben, verlockte ihn. Er stellte den Antrag, in die Londoner „Vereinigung" einzutreten, und als dieser nicht die Mehrheit erhielt, trat er am 12. April 1840 aus der Organisation aus.

1841 finden wir eine Korrespondenz mit der „Gemeinde Havre". Der Londoner „Ausschuss" verwandelte sich in eine „Gemeinde Praga", die 11 Mitglieder zählte. Es gab aber keine Aussichten auf eine grössere Ausbreitung. Die Gesellschaft schrumpfte immer mehr zur Sekte zusammen. In dieser Zeit werden die „Satzungen der Weltkirche" diskutiert und angenommen. Die „Anhänger der socialen Pflichten" nähern sich wieder der „Gemeinde Graudenz"; es werden gemeinsame Feiern gehalten etc.

Am 22. Mai 1844 löst sich die „Gemeinde Human" auf. Am 16. Januar 1846 wurde dem Polnischen Volk die Benützung der Kaserne in Portsmouth von der englischen Regierung entzogen.

Da kam die Nachricht von der Revolution in Krakau und am 22. März 1846 .... „wurde die Sitzung der Gemeinde Graudenz und ihre Thätigkeit beendet, weil das nationale Manifest aus Polen jede selbständige Thätigkeit verbietet." Die Akten der Gesellschaft wurden dem Zeno Swientoslawski zur Aufbewahrung gegeben.

Die Gemeinde Praga existierte noch eine gewisse Zeit. In einer Broschüre vom 30. September 1846 sagt sie, dass sie mit 150 anderen Emigranten aus London eine Zustimmung zum Krakauer Manifest unterzeichnet hat, dass sie aber der Demokratischen Gesellschaft nicht beitreten will. Sie warnt vor der Demokratischen Gesellschaft und dem Fürsten Czartoryski und setzt ihre Anschauungen folgendermassen auseinander: Gott hat der Menschheit das Gebot gegeben, sich zu vervollkommnen; Polen hat die Erfüllung dieser Mission auf sich genommen. Der Boden gehört niemandem, als Gott; seine Früchte allen Menschen.

Bevor es sich auflöste, hatte das Polnische Volk einen indirekten Sieg zu verzeichnen. Wir haben gesehen, dass die erste

Diskussion über die Frage des Eigentums in der Demokratischen Gesellschaft mit einer Niederlage des Socialismus endete. Die zehn Jahre, die zwischen dieser Zeit und der Auflösung der „Gemeinde Graudenz" verflossen sind, müssen eine gewisse, innere Infiltration des Socialismus in der Demokratischen Gesellschaft gebracht haben. Einen Beweis dafür sehen wir in dem Vorschlag einer Vereinigung, den die Demokratische Gesellschaft dem früher verpönten Polnischen Volk gemacht hat. Einen noch bessern bildet die zweite Diskussion über das Eigentum, die von der Centralisation durch das Cirkular vom 15. August 1845 angeregt wurde. Die Frage wurde folgendermassen formuliert:

„Welche Veränderungen könnte man einführen in den jetzigen Eigentumsverhältnissen nach der Wiederherstellung der Unabhängigkeit Polens, um die volle Gerechtigkeit dem Volke zu geben, jedem Polen die Mittel des Besitzes zu verbürgen, allen Landeseinwohnern eine gute Existenz zu sichern und den nationalen Reichtum zu heben?"

Interessant sind die Worte, mit welchen die Centralisation ihren Beschluss, obige Frage der Diskussion zu unterstellen, motiviert. Der Grundgedanke ist derjenige, dass man jedem Polen die Erziehung und die Arbeitsmittel geben müsse. Da diese Worte am Vorabend der Revolution von 1846 gefallen sind, die von der Demokratischen Gesellschaft organisiert und vorbereitet wurde, so haben sie eine gewisse Wichtigkeit, denn sie bilden bis zu einem gewissen Grade ein Programm der Centralisation.

Die Diskussion hat nicht stattgefunden. Der Ausbruch der Revolution hat sie unmöglich gemacht.

VII.

Zum Schluss geben wir eine kurze Notiz über die Lebensgeschicke der hervorragendsten Mitglieder des Polnischen Volkes.

Zeno Boleslaus Swientoslawski, Bruder des Aleksander Swientoslawski, der als Teilnehmer an dem Belvederüberfalle auf den Fürsten Konstantin bekannt ist, wurde 1812 im Dorfe Lenk,

Gostyner Kreis, geboren. Während der Kampagne von 1831 diente er im 2. Uhlanenregiment und hat an den Schlachten unter Grochow, Lganie und Osiek teilgenommen. Ende November 1831 kam er nach Paris und wurde anfänglich Mitglied des Lelewel-komitee. Als sich die Polnische Demokratische Gesellschaft gebildet hatte war er einer der ersten, die ihr beitraten. Er unterstützte den Verein finanziell, so wurde z. B. die dritte Nummer des Organs der Polnischen Demokratischen Gesellschaft auf seine Mittel ausgegeben. Als er im Jahre 1833 aus der Gesellschaft ausgewiesen wurde, emigrierte er nach England, wo er im Verein mit Pulaski, Krempowiecki, Worcell Zwistigkeiten in der sogenannten „Londoner Allgemeinen Vereinigung" hervorgerufen hat, die zum Untergange des Vereins führten. Auf den Trümmern dieses Vereins bildete sich zuerst eine Sektion der Polnischen Demokratischen Gesellschaft und später das „Polnische Volk". Bis 1855 wohnte er auf der Insel Jersey. Im Jahre 1854 hat er daselbst ein Werk, „The cause of the Slavonian in the present question of war", Jersey 1854, ausgegeben. Er war auch Herausgeber der Zeitschrift „L'homme." Aus dem Archiv des Polnischen Volkes, das ihm von der aufgelösten Organisation zur Aufbewahrung übergeben wurde, gab er 1854 eine Sammlung der wichtigsten Aktenstücke unter dem Titel „Das Polnische Volk in der Emigration 1835–1846", Jersey 1854, heraus. Im Jahre 1855 wurde er von der englischen Regierung aus England ausgewiesen.

Stanislaus Worcell war ursprünglich reicher Gutsbesitzer in Wolhynien. Im Jahre 1831 wurde er Mitglied des revolutionären Landtags, als Abgeordneter aus Rowno. Ende 1832 kam er nach Paris und trat dort in das Komitee Dwernicki ein. Verhaftet samt Pulaski wegen einer Rede, die er in der Freimaurer-Loge „Trinité indivisible" während einer Feier zur Ehre der Opfer der Expedition Zaliwski gehalten hatte, wurde er in das Gefängnis Sto Pélagie gebracht und dann von der Regierung aus Frankreich ausgewiesen. Er begab sich nach Belgien und redigierte hier eine gewisse Zeit die republikanische Zeitschrift „La voix du peuple". Im Jahre 1834 treffen wir ihn in London. Am 29. August 1834, nach der Sprengung der „Londoner Allgemeinen Vereinigung", steht Worcell an der Spitze der Gemeinde.

Die Ausschliessung des Krempowiecki und Dziewicki aus der Gemeinde Graudenz, die hauptsächlich sein Werk war, machte ihn dem Krempowiecki verhasst, der es auch dazu gebracht hat, dass die Gemeinde am 30. August 1838 das Verdammungsurteil gegen Worcell und Wontrobka abfasste. Zur selben Zeit organisiert sich die „Vereinigung", Worcell tritt ein und wird 1840 mit Lelewel und Zwierkowski Mitglied des Vorstandes. Als sich nach dem Krakauer Aufstande vom 22. Februar 1846 die „Vereinigung" auflöste und die Mitglieder dieser Organisation in die Polnische Demokratische Gesellschaft eintraten, that Worcell dasselbe. Den 25. April 1847 wird er mit Heltman, dem General Sznayde, Darasz und Mazurkiewicz in die Centralisation gewählt und verbleibt ihr Mitglied bis zu seinem Tode. Im Jahre 1848, nach dem Ausbruche der Februarrevolution hat er in der polnischen Delegation teilgenommen, die vom Minister des Auswärtigen, Lamartine, die Gründung einer polnischen Legion forderte. 1852 bildeten Flüchtlinge verschiedener Nationalität ein „Komitee von Europa". Worcell wurde dessen Mitglied mit Ledru Rollin, J. Mazzini, Arnold Ruge und D. Bratiano. Auf den Obligationen, die von diesem Komitee ausgegeben wurden, finden wir die Unterschrift des Worcell. Als A. Herzen nach seiner Ankunft in London ein revolutionäres Blatt in russischer Sprache gründen wollte, bietet ihm Worcell seine Hülfe an und veröffentlicht im „Demokraten" vom Mai 1853 einen Artikel über die „Freie Russische Druckerei", wo er auf die Bedeutung der Entstehung einer russischen revolutionären Bewegung hinweist. Worcell starb den 3. Februar 1857 in London. An seinem Begräbnis sprachen Representanten verschiedener Nationen.

Thadeus Krempowiecki wurde 1798 in Ujazdow bei Warschau geboren. 1818 immatrikulierte er sich an der Warschauer Universität. In demselben Jahre gründete er mit Viktor Heltman eine geheime Verbindung unter den Studenten. Im Jahre 1822 redigierte er die „Weichsel-Zeitung" (9 Nummern). Während des Aufstandes gehörte er zur „Patriotischen Gesellschaft" und kämpfte unter dem General Dwernicki. Im November 1831 kam er nach Paris. Als sich das Komitee Lelewel gebildet hatte, wurde er dessen Mitglied. Da er schon während des Aufstandes als Demokrat aufgetreten war, so war er immer der Aristokratie sehr missbeliebt, die auch in der Emigration ihre Angriffe gegen ihn und gegen A. Gurowski am meisten richtete. Krempowiecki war einer der fünf ersten Gründer der Polnischen Demokratischen Gesellschaft, aber sein Ehrgeiz und seine Eingebildetheit machten es ihm unmöglich, lange in dieser Organisation zu bleiben. Im Dezember 1832 wurde er aus der Polnischen Demokratischen Gesellschaft ausgeschlossen. (Während der ersten Gedenkfeier des Novemberaufstandes hielt Krempowiecki eine Rede, die viel Aufsehen machte. Den Fall des Aufstandes hatte er dem Egoismus der Edelleute zugeschrieben, die weder die Bauern befreien, noch ihnen Grund und Boden zuteilen wollten. Wegen dieser Rede wurde er vom Komitee Dwernicki und von einigen Emigrantenkolonien [Avignon] als unwürdig, den Namen eines Emigranten zu tragen, erklärt.)

Eine Zeit lang war Krempowiecki Führer der polnischen Carbonari in Frankreich. Aus Frankreich ausgewiesen, begab er sich nach Brüssel und später nach London. Krempowiecki war der eigentliche Gründer der „Gemeinden". Ausgeschlossen aus dem Polnischen Volk den 3. Juli 1837 für seine Bestrebungen, das Polnische Volk mit der übrigen Emigration zu vereinigen, gründete Krempowiecki 1838 eine neue Vereinigung unter dem Namen „Anhänger der sozialen Pflichten". Im Jahre 1844 gehörte er zu einer Kommission, die Protestkundgebungen wegen der Ankunft des Czaren in London veranstaltete. Nach dem Aufstande von 1846 gehörte er eine kurze Zeit zur Polnischen Demokratischen Gesellschaft. Er starb 1848.

VIII.

Die politische Thätigkeit des Polnischen Volkes entsprach seiner socialen Doktrin. Seine Mitglieder waren Socialisten und Patrioten; als Socialisten kämpften sie gegen die Demokratische Gesellschaft, als wichtigste Representation des polnischen revolutionären Gedankens und, wie man allgemein dachte, des zukünftigen polnischen Staates, als Patrioten suchten sie das Ansehen der russischen Regierung im Auslande zu schädigen.

Gegen die Demokratische Gesellschaft wurden viele Broschüren, „Anklageakten" und Zeitungsartikel herausgegeben. Am bedeutendsten war die „Anklageakte gegen die sogenannte Demokratische Gesellschaft wegen ihrer Schrift an den französischen Minister des Innern vom 31. Oktober 1835" (P. V. p. 33 u. f.). Die Reaktion, die in Frankreich nach dem zweiten Siege der Regierung über die Republikaner (1834) die Oberhand gewann, wurde auch den polnischen Emigranten fühlbar. Die Polizei drang in das Lokal der Demokratischen Gesellschaft, beschlagnahmte ihre Papiere und wollte den Verein auflösen. Seine Lage wurde sehr schlimm. Frankreich war das einzige Land, in welchem eine politische revolutionäre Organisation wirksam thätig sein konnte, denn dort lebte die Mehrheit der Emigranten, die ja eine Besoldung von der französischen Regierung bekamen. Ausserdem fürchteten die Führer der Demokratischen Gesellschaft, dass ihre Papiere der russischen Regierung ausgeliefert werden könnten, die dann einen willkommenen Anlass zu neuen Verfolgungen in Polen hätte. Um ihre Sache zu retten, veröffentlichte die Demokratische Gesellschaft einen offenen Brief an das Ministerium des Innern, worin sie betont, dass ihre Ziele strikt national seien, dass sie sich nicht in die innern Angelegenheiten Frankreichs einmischen wolle und dass sie ihre demokratischen Anschauungen nur durch eine friedliche Propaganda in Polen verbreiten will, was um so leichter sei, weil viele polnische Grossgrundbesitzer eher aus Vorurteil als aus bösem Willen die Bauern unterdrückten. Von einem „unversöhnlich" revolutionären Standpunkte aus war wohl diese Schrift zu tadeln, wenn man aber bedenkt, was für Interessen im Spiele waren und wie wichtig es für die Sache der Unabhängigkeit Polens war, eine starke revolutionäre Organisation im Auslande zu besitzen, so muss man sich über den Opportunismus der Demokratischen Gesellschaft nicht wundern.

Man muss auch bedenken, dass man in einer Periode der überall siegenden Reaktion war. Die französischen Strassenkämpfe von 1832 und 1834 endigten mit einer Niederlage der Republikaner, ebenso Mazzinis Zug nach Savoien und der Frankfurter Putsch. Die Hoffnungen auf eine siegreiche allgemeine europäische Revolution mussten sinken und die Polen, die bisher in allen Ecken Europas für die Freiheit gekämpft hatten, waren auf ihre eigenen Kräfte angewiesen. Für das Polnische Volk waren aber alle diese Gründe unstichhaltig. Sie protestierten deshalb heftig gegen die Demokratische Gesellschaft, bezeichneten ihre Handlungsweise als einen „Verrat", erinnerten die Demokratische Gesellschaft, dass sie in ihrem ersten Manifeste die Hoffnung auf einen bevorstehenden Sieg der allgemeinen, nicht nur der polnischen demokratischen Revolution ausgesprochen habe u. s. w.

In den offenen Briefen an Daniel O' Connell, Thomas Atwood, Rœbuck, die alle Mitglieder des englichen Unterhauses waren, an die englischen Radikalen, an das Volk Grossbritanniens u. s. w. protestiert das Polnische Volk gegen die Beschlüsse des Wiener Kongresses (die polnische Aristokratie, die auf „legalem" Wege handeln wollte, protestierte nur gegen die von Nikolaus begangene Verletzung der Wiener Traktate und anerkannte in dieser Weise die Teilung Polens und ihre Folgen; die Demokratische Gesellschaft stützte sich auf das natürliche und historische Recht Polens, nicht auf Beschlüsse, die ohne seine Zustimmung gemacht wurden); der Opportunismus der Aristokratie und des Adels wird auch scharf gerügt und die Engländer werden aufgefordert, ihnen keine Hülfe zu leisten. Eine praktische Bedeutung hatte diese ganze Thätigkeit nicht. Das Polnische Volk war zu schwach, um seine Stimme im Auslande geltend zu machen. Die Demokratische Gesellschaft und der Fürst Czartoryski waren ihm in dieser Beziehung weit überlegen. Dabei wiederholten die Socialisten nur das, was die Demokraten mit viel lauterer Stimme schon gesagt hatten; oder aber sie suchten die Autorität der Demokraten zu untergraben, was ihnen selbst nur schaden konnte. Es ist natürlich, dass man dafür die Socialisten nicht tadeln kann, denn sie hofften ja, mit der Zeit eine grössere politische Macht zu erlangen, als die Demokratische Gesellschaft sie besass und brauchten sich deshalb nichts aus einer Schädigung des Ansehens der Demokratie zu machen. Da aber diese letzte Hoffnung aussichtslos war, so war die politische Thätigkeit des Polnischen Volkes entweder fruchtlos oder reaktionär.

IX.

Sind die Theorien des Polnischen Volkes originell oder bilden sie eine Wiederholung dessen, was schon früher gesagt wurde? — Das ist eine Frage, die auf den ersten Anblick schwer zu lösen ist. Es gibt überhaupt kaum eine einzige moderne Theorie, deren Urheber ganz selbstständig gehandelt hätte, ohne irgend welche Vorläufer, sei es im Mittelalter oder in der antiken Welt, gehabt zu haben. Um so weniger kann es der Fall sein mit dem Kommunismus, der ja den Inhalt von vielen Bestrebungen fast seit den ersten Anfängen der sich auf Privateigentum stützenden Gesellschaft bildet. Der Kommunismus hat aber sehr verschiedenartige Gestalten und es handelt sich darum, den Entwicklungsgang der Ideen seiner verschiedenen Urheber darzustellen.

Hier liegt die Schwierigkeit, denn oft hat eine kommunistische Sekte den allgemeinen Inhalt ihrer Theorie von jemandem geborgt, der sie mit einer wesentlich andern Form bekleidete. Oft wiederum finden wir nebensächliche Aehnlichkeiten, wo die Grundgedanken verschieden sind.

So auch bei unseren Utopisten. Auf den ersten Blick könnte man sie für geistige Kinder eines christlichen Kommunismus von Leroux halten. Auch würde die Thatsache, dass wir bei Swientoslawski ebenso wie bei Ch. Fourier „eine Weltstadt auf der Meerenge, die Afrika mit Asien vereinigt", als Centrum der künftigen Weltrepublik finden, uns als Anknüpfungspunkt zu einer Parallele zwischen den „Satzungen der Weltkirche" und den Werken des Gründers der „Théorie sociétaire" erscheinen. Beide Hypothesen möchten wir aber grundsätzlich bestreiten.

Was den christlichen Socialismus anbetrifft, so hat er mit den Theorien des Polnischen Volkes nur eine äussere Aehnlichkeit. Wir haben zwar gesehen, dass eine der beiden Hauptströmungen des Polnischen Volkes ihre kommunistischen Folgerungen aus der Lehre Christi von der Gleichheit aller Menschen gezogen hat; aber die praktischen Konsequenzen daraus haben mit dem christlichen Socialismus nichts gemeinsames. Während die Christlichsocialen aller Schattierungen die Verbesserung der

Welt in der Ausübung der Vorschriften Christi sehen und in dieser Hinsicht nur in nebensächlichen Einzelheiten auseinandergehen, will das Polnische Volk die jetzige Gesellschaft *mit Gewalt* reformieren. Es droht den Besitzenden mit dem Schwert und fordert das Volk auf, sich zu diesem Zwecke zu organisieren. Von einer Solidarität zwischen allen christlich denkenden Leuten, ob sie Reiche oder Proletarier sind, welche bei allen Christlich-Socialen vorgesehen ist, ist im Polnischen Volk keine Rede. Sie sehen ja sogar in der Demokratischen Gesellschaft die Gründer einer zukünftigen polnischen Bourgeoisie!

Was Fourier anbetrifft, so bildet die Stadt „Suez" das einzige, was ihm und dem Polnischen Volk gemeinsam ist. Wir brauchen uns daher mit dieser Frage nicht länger zu beschäftigen.

Viel wichtiger sind die Annäherungspunkte, die wir zwischen den Doktrinen des Polnischen Volkes und denjenigen der Saint-Simonisten und Babeufisten (Anhänger von Babeuf) finden. Betrachten wir die erstern.

Folgendes sind die drei Sätze, auf denen die sociale Theorie St. Simons (in den letzten Jahren seines Lebens) und seiner Schüler, im Anfange ihres Wirkens, fusst:

1. „Toutes les institutions sociales doivent avoir pour objet l'amélioration physique et morale de la classe la plus nombreuse et la plus pauvre."
2. „Tous les privilèges de la naissance, sans exception, seront abolis."
3. „A chacun selon sa capacité, à chaque capacité selon ses œuvres."

Diese drei Sätze bilden den Grundgedanken des „Nouveau Christianisme" von St. Simon. Der zweite und dritte waren ausserdem das Motto des „Globe", eines Tagblattes, redigiert von Michel Chevallier und Pierre Leroux, so lange sie noch Anhänger des St. Simonismus waren. Nun finden wir ohne Zweifel die erste und zweite Formel in allen Schriften des Polnischen Volkes. Was ist der berühmte Satz von der „Gleichstellung der socialen Stände", welche das Ziel des Polnischen Volkes bildete, anderes, als eine Paraphrase der ersten Devise des St. Simonismus. Dasselbe kann man sagen von der „Abschaffung der Privilegien der Geburt", die ein Lieblingsthema der Broschüren und Aufrufe des Polnischen Volkes bildete. Einen Unterschied finden wir nur, was die dritte Formel anbetrifft. Die St. Simonisten könnte man nach der jetzigen Nomenklatur Kollektivisten à la Schäffle nennen,[1] das Polnische Volk war dagegen kommunistisch. Hier müssen wir aber sagen, dass das Polnische Volk in dieser Hinsicht nur die letzten Konsequenzen der Lehre St. Simons gezogen hat, vor welchen seine Schüler zurückgeschreckt sind. Denn wirklich, wenn wir annehmen, dass sich die Gesellschaft nach dem Grundsatze der Gleichheit konstituieren soll, dann müssen auch die Privilegien einer grössern Kraft oder Intelligenz abgeschafft werden. Denn was der Mensch hat, verdankt er entweder der Gesellschaft oder einer speciellen, angeborenen Begabung, was nicht sein Verdienst bildet.

In den Einzelheiten finden wir noch mehr Aehnlichkeiten. So ist die Auffassung der Relativität des Begriffes „Eigentum" in beiden Sekten fast identisch. Das Polnische Volk sagt:

„Das Eigentum hat verschiedene Gestalten angenommen. Die Sklaverei, wie wir es früher schon erwähnt haben, bildete seiner Zeit auch ein Eigentum, das sich später in ein feudales emfiteutisches, endlich in ein erbliches verwandelte. Jede solche Verwandlung bildete eine Antastung des Eigentums, war also, vom Standpunkte seiner Verteidiger betrachtet, ein Akt der Gewalt" (P. V. p. 24).

Oder an anderer Stelle:

„Betrachten wir die Form des Eigentums, d. h. das Verhältnis zwischen dem Besitzer und dem Besitztum, so sehen wir, dass diese sich erheblich geändert hat... (dann kommt eine längere Auseinandersetzung, wie das absolute Eigentum der

---

[1] Nous devons prévoir que quelques personnes confondront ce système avec celui que l'on connait sous le nom de *communauté de biens*. Il n'existe cependant aucun rapport entre eux. Dans l'organisation sociale de l'avenir, chacun, avons-nous dit, devra se trouver classé selon sa capacité, rétribué suivant ses œuvres: c'est indiqué suffisamment *l'inégalité* de partage. Dans le système de la communauté, au contraire, toutes les parts sont égales; et contre un pareil mode de répartition, les objections nécessairement se présentent en foule.
Doctrine de St-Simon. Exposition. Première année 1828—1829. Paris 1831.

antiken Welt begrenzt wurde bei den Juden und im Mittelalter)... Die französische Revolution hat das jetzige Eigentum gebildet, das bürgerliche, monopolistische, exploitierende Eigentum... Dürfen wir denn, die wir ja die Entwicklung des heutigen Eigentums kennen, ausrufen, dass das Eigentum unveränderlich sei!" (P. V. p. 71).

Die St. Simonisten meinen dagegen:

"La propriété est un fait social, soumis, comme tous les autres faits sociaux à la loi du progrès; elle peut donc, à diverses époques, être entendue, définie, reglée de diverses manières."

und weiter unten (pag. 180):

"Dans l'origine, le droit de propriété embrasse les choses et les hommes; ceux-ci en composent même la partie la plus importante, la plus précieuse. L'esclave appartient à son maître avec même titre que le bétail et les objets matériels. Il n'existe d'abord aucune restriction à l'exercice du droit de propriété sur sa personne. Plus tard, le législateur fixe des limites au privilège d'user et d'abuser, que l'homme propriétaire avait sur l'esclave, c'est-à-dire sur l'homme propriété. Ces limites se resserrent de plus en plus. Le maître perd chaque jour quelque portion morale, intellectuelle ou matérielle d'esclave, jusqu'à ce que enfin le moraliste et le législateur s'accordent pour poser en principe que l'homme ne peut plus être la propriété de son semblable. Cette intervention de leur autorité, dans le droit de propriété, correspond à la plus complète transformation qu'ait subie l'association humaine."

Die Krönung der ganzen Doktrin bildet bei den St. Simonisten die Theorie, dass "l'exploitation de l'homme par l'homme doit disparaître; la constitution de la propriété, par laquelle ce fait est perpétué, doit donc disparaître aussi" (ib. pag. 180).

In der reformierten Gesellschaft ist es diese selbst, die dem Einzelnen die Mittel zur Arbeit verschafft, sagt das Polnische Volk ("Die Arbeit wird sich also in eine sociale Pflicht verwandeln, was die Folge haben wird, dass nur die Gesellschaft sie belohnen und ihr die Arbeitsinstrumente verschaffen wird", P. V. p. 76); bei St. Simon heisst es: "la propriété c'est la fonction". Um das zu ermöglichen, soll nach der Meinung des Polnischen

Volkes der Staat das Privateigentum an Produktionsmitteln abschaffen und die Verfügung über dieselben übernehmen, oder, wie die St. Simonisten sagen: „Actuellement, avons-nous dit, un nouvel ordre tend à s'établir; il consiste à transporter à l'état, devenu association des travailleurs, le droit de l'héritage, aujourd'hui renfermé dans la famille domestique" (ib. p. 187).

Wir finden also denselben Gedankengang, nur, wie wir schon gesagt haben, wollen die St. Simonisten keine „communauté des biens"; aber auch hier ist der Unterschied nicht sehr gross, denn das Polnische Volk nahm zwar theoretisch den Kommunismus an, in der praktischen Ausführung aber wäre es so ziemlich auf das System des St. Simonismus herausgekommen.

Wir können sogar eine Spur desselben Einflusses in der obenerwähnten Institution der Banken finden, die dem kleinen Ackerbauer und der Gemeinde helfen sollten und die aufs eifrigste von den St. Simonisten befürwortet wurden (ib. p. 204 u. ff.).

Die Ansichten über die Folgen einer solchen Umwälzung der Gesellschaft sind auch beidseitig identisch. So haben z. B. das Polnische Volk und die St. Simonisten vorausgesehen, was jetzt von der gesamten Socialdemokratie angenommen wird, dass sich die Ansichten über die Arbeit total verändern werden.

Die Meinungen des Polnischen Volkes darüber haben wir oben angeführt, was die St. Simonisten anbetrifft, so sagen sie: „La chaine qui unit les travailleurs au lieu d'être de fer sera un lieu d'affection et de secours réciproques" (Globe 1831).

Mit den Babeufisten hatte das Polnische Volk die Theorie der Gewalt gemeinsam, die eine Geburtshelferin der neuen Ordnung sein sollte.

X.

Versuchen wir jetzt, den wissenschaftlichen Wert der Theorien des Polnischen Volkes abzuwägen. Das können wir nur in dieser Weise thun, dass wir diese Theorien mit denjenigen der jetzigen Socialdemokratie oder des „wissenschaftlichen Socialismus" (wie man ihn im Unterschied zu dem „utopischen" nennt) vergleichen.

Das erste, was uns dabei in die Augen fällt und was für den ganzen Inhalt der Theorien des Polnischen Volkes kennzeichnend ist, ist die Methode, die von derjenigen des wissenschaftlichen Socialismus grundverschieden ist.

Marx und Engels, die Gründer des wissenschaftlichen Socialismus, haben mit der Untersuchung der wirtschaftlichen Verhältnisse des in ökonomischer Hinsicht am meisten fortgeschrittenen Landes, England, begonnen. Diese Untersuchung führte sie zur Annahme, dass nur die Abschaffung des Privateigentums an Produktionsmitteln und die „Vergesellschaftlichung" derselben den Uebeln des jetzigen Wirtschaftssystems abhelfen könnten. Der Socialismus war bei ihnen ein notwendiges Resultat, ein Ausfluss der heutigen kapitalistischen Grossproduktion.

Das Polnische Volk wandelte auf ganz anderen Wegen. Glühende Patrioten, bis ins Innerste ihres Wesens getroffen durch das Misslingen eines Aufstandes, der über grössere militärische und sonstige Kräfte verfügt hatte, als irgend eine polnische Erhebung, suchten sie Mittel und Wege, um eine neue Niederlage zu verhindern. Das glaubten sie in einer politischen Reform, die aus allen Polen freie und gleichberechtigte Bürger gemacht hätte und so die grosse Masse des arbeitenden Volkes, hauptsächlich aber die Bauern, für die Wiederaufrichtung Polens interessiert hätte, gefunden zu haben. Die politische Freiheit schien ihnen aber ungenügend, ja undurchführbar ohne ökonomische Gleichheit, welche nur auf dem Wege des Socialismus zu erlangen ist, da eine Verteilung der Güter in nicht ferner Zukunft zu einer neuen Scheidung der Gesellschaft in Reiche und Arme führen muss. Sie wurden Socialisten aus Patriotismus.

Alles übrige, wie die naturrechtliche oder die aus der christlichen Religion geschöpfte Motivierung der Notwendigkeit des Socialismus, ergab sich von selbst. Aber hier mussten auch ihre Untersuchungen enden. Die Notwendigkeit der Abschaffung des Privateigentums galt für sie als Dogma, als etwas, was man eigentlich gar nicht zu beweisen braucht. Darum fehlte es ihnen an jeder Anspornung zu weiteren ökonomischen Studien, darum war auch ihre Theorie so fruchtlos.

Es konnte auch nicht anders sein. Polen war damals ein Ackerbau treibendes Land, dessen grosse Strecken sich noch in vollständiger Naturalwirtschaft befanden. Die keimende, von der polnischen Regierung von 1815—1830 begünstigte Industrie wurde rasch nach der Unterdrückung des Aufstandes durch die Misswirtschaft der Moskowiter zerstört und schrumpfte auf ein nicht in Betracht kommendes Minimum zusammen. Daher konnte dort auch kein anderer als ein Agrarkommunismus entstehen. Da aber dieser hauptsächlich die Besserstellung des Bauernstandes bezweckte, so dachte man nicht weiter an die Schaffung eines komplizierten, centralisierten Wirtschaftsapparates, wie ihn die jetzige Socialdemokratie anstrebt. Man verlangte nur die Bildung eines Systems von kleinen Landhöfen, deren Produkte die ersten Bedürfnisse der Gesellschaft befriedigen könnten und die, der Gesellschaft gehörend, von einzelnen Produzenten oder höchstens von Associationen bebaut würden. Erst später, als sich das Polnische Volk vollständig in eine Sekte verwandelt hatte, entstand das System des Swientoslawski, eine theokratisch-demokratische Regelung der Produktion, wo aber die Notwendigkeit der Grossproduktion auch nicht klargelegt wird.

Wenn wir also die Theorie selbst betrachten, so finden wir erstens gar nichts neues, da ja alles eine Ausarbeitung oder Paraphrase der Ansichten Rousseaus und des christlichen Kommunismus war; zweitens können wir nicht sagen, das die Theorien des Polnischen Volkes irgendwelche Bedeutung für die späteren Generationen der Socialisten haben konnten.

Ein anderes Bild zeigt uns die Bearbeitung verschiedener Einzelfragen, wo das Polnische Volk vieles geäussert hat, was jetzt von den meisten Socialdemokraten angenommen wird. Dazu rechnen wir in erster Linie die Anschauungen über den Ursprung des Eigentums (siehe oben p. 15—16) und die Relativität dieses Begriffes (p. 18, 25), den ja die meisten Oekonomisten damals für absolut und „heilig" gehalten haben und viele noch jetzt halten. Diese Ansicht teilte das Polnische Volk mit den St. Simonisten, wie wir gesehen haben; die historischen Beispiele, die zur Unterstützung dieser Ansicht angeführt werden, stammen aber grösstenteils aus der polnischen Geschichte, was beweist, dass sie von ihren Urhebern wirklich verstanden war. Ganz identisch mit den jetzigen Anschauungen der Socialdemokratie ist auch die Negation der Möglichkeit, einen genauen Plan der zukünftigen Gesellschaft zu entwerfen, wie es die Sektion Vimoutiers der Demokratischen Gesellschaft vom Polnischen

Volk verlangte (p. 18). Darin unterscheidet sich auch sehr vorteilhaft die erste Phase der Entwicklung des Polnischen Volkes von den spätern. Sehr zutreffend sind auch einzelne Ansichten über die allgemeinen Umwälzungen in den socialen Verhältnissen, die die Abschaffung des Privateigentums bringen wird. So die Meinung, dass die Produktivität der Arbeit in einer sozialistischen Gesellschaft höher sein wird, als in der jetzigen (p. 19), eine Ansicht, die jetzt von allen Sozialdemokraten geteilt wird; ferner die Prophezeiung der Umwälzung der ethischen Anschauungen (p. 26—27), die Bekämpfung der Furcht vor einer der Menschheit seitens des Socialismus drohenden Tyrannei (p. 19).

Wenn man die Angriffe auf das Polnische Volk und seine Erwiderungen in allen diesen Fragen liest, dann denkt man unwillkürlich an die „Zukunftsstaatsdebatte" im deutschen Reichstag, die Broschüren eines Spencer, Richter oder Schäffle gegen den Socialismus und die Antworten Bebels oder Liebknechts.

Auch in politischer Hinsicht hat das Polnische Volk, wie wir gesehen haben, wenig Neues oder tiefer in die Verhältnisse greifendes hinterlassen. Aber auch hier verdienen manche Ansichten hervorgehoben zu werden. Dazu rechnen wir:

a) Die Prophezeiung eines fatalen Abbröckelns der fortschrittlichen bürgerlichen Parteien, die von den zwei kämpfenden Mächten, der Socialdemocratie und dem Konservatismus mit der Zeit zerrieben werden (p. 21—22);

b) das Spotten über die demokratischen Versuche der Schaffung eines glücklichen Bauernstandes (p. 26) und

c) die Kritik des sentimentalen Panslawismus der Demokratischen Gesellschaft, der nach der Meinung des Polnischen Volkes nur der Steigerung der Macht des russischen Czaren dienen kann.

Dies ist das „Facit" der Schriften des Polnischen Volkes. Unserer Ansicht nach genügt es, um einen polnischen Historiker zum Studium dieser Schriften anzuspornen.

Quellenverzeichnis.

Das Material, das mir zu meiner Arbeit gedient hat, habe ich zum grossen Teil aus dem **Polnischen Nationalmuseum** in Rapperswyl geschöpft. Ich benütze diese Gelegenheit, um dem Bibliothekar des Museums meinen verbindlichsten Dank für die Bereitwilligkeit und Freundlichkeit, mit welcher er mir dabei geholfen hat, auszusprechen.

Die Titel der Werke sind alle ins Deutsche übersetzt. Die polnischen Namen wurden, so weit es möglich war, so geschrieben, wie sie ausgesprochen werden.

I. Das Polnische Volk.

1. Die polnischen Emigranten in Portsmouth an die polnische demokratische Emigration. Portsmouth den 20. Februar 1835. Folio.

2. Die unterzeichneten Mitglieder der Polnischen Demokratischen Gesellschaft auf der Insel Jersey an alle Mitglieder derselben. Portsea. (4. Mai 1835). 8⁰.

3. Die Sektion Graudenz der Polnischen Demokratischen Gesellschaft an alle Mitglieder derselben. Portsea, 25. Mai 1835. Folio.

4. Aufruf an die Polnische Demokratische Gesellschaft. Portsea 1835. 8⁰.

5. Manifest des Polnischen Volkes. Gemeinde Graudenz. Portsea. Portsmouth 1835. 8⁰.

6. Antwort des Polnischen Volkes, Gemeinde Graudenz, auf die Schrift: „Die Polen in Portsmouth an die Centralsektion der Polnischen Demokratischen Gesellschaft." Portsea, Portsmouth, 13. Januar 1836. 4⁰. (Lithogr.)

7. Das Polnische Volk, Gemeinde Graudenz und Human, über den Entwurf eines Manifestes der Demokratischen Gesellschaft. Paris 1836. 8⁰.

8. Das Polnische Volk, Gemeinde Graudenz und Human, über den zweiten Entwurf eines Manifestes der Demokratischen Gesellschaft. Paris 1836. 8⁰.

9. Anklugeakte der sogen. Polnischen Demokratischen Gesellschaft, auf Grund eines Appells dieser Gesellschaft an den Minister des Innern, von der Gemeinde Graudenz erhoben. Porsea (sic). Portsmouth 1836. 8⁰

10. Compte rendu der Kommission der Gemeinde Graudenz aus ihrer dreimonatlichen Thätigkeit, seit dem 4. November 1835. Portsea, Portsmouth 1836. 8°.
11. Das Polnische Volk, die Gemeinde Graudenz und Human, über die Centralisation in der Emigration. Portsmouth 1837. 8°.
12. Die Anhänger der socialen Pflichten an die polnische Emigration. (Paris 1838.) 8°.
13. Die Anhänger der socialen Pflichten an die polnische Emigration. (Paris) 1838. 8°.
14. Das Polnische Volk in der Emigration an diese Emigration. Paris (?) 1843. 8°.
15. Eine Antwort des Polnischen Volkes in der Emigration dem „Dritten Mai" und dessen Anhängern. London 1844. 8°.
16. Das Polnische Volk in der Emigration an die ganze polnische Emigration im Auslande (sic). London 1846. 8°.
17. Aufruf an die polnische demokratische Emigration. London 1853. 8°.
18. Das Polnische Volk in der Emigration 1835—1846. Mit einem Vorwort von Zeno Swientoslawski. Jersey 1854. 8°.

II. Die Polnische Demokratische Gesellschaft.

1. Die Cirkulare der Polnischen Demokratischen Gesellschaft. — Diese Cirkulare waren in unregelmässigen Zeitabschnitten von der Centralsektion (später Centralisation genannt) ausgegeben und an die Sektionen sowie einzelne Mitglieder der Organisation verschickt. Die Sammlung, die ich in Rapperswyl benützt habe, umfasst alle lithographierten Cirkulare der Polnischen Demokratischen Gesellschaft (seit dem 1. Mai 1833 bis zum 1. November 1837), zusammen 1168 Seiten Lithographie, und die gedruckten Cirkulare bis zum 1. Dezember 1848, 1716 Druckseiten. Von den späteren Cirkularen, die ziemlich selten ausgegeben wurden, dank der nach 1848 erfolgten Desorganisation, sind nur einzelne Exemplare in Rapperswyl gewesen.
2. Die Polnische Demokratische Gesellschaft. Ein Vorschlag an die Nationalversammlung der Polen in Paris. Gründungsakte. Satzungen. Paris 1832. 8°.
3. Société Démocratique Polonaise. Acte de fondation. Paris 1832. 8°.
4. Die Polnische Demokratische Gesellschaft an die Bürger Soldaten. Paris, 6. Oktober 1832. Folio.
5. Manifest der Polnischen Demokratischen Gesellschaft. Paris 1836. 8°.
6. Sammlung der Satzungen und Beschlüsse der Polnischen Demokratischen Gesellschaft. Poitiers 1837. 12°.
7. Manifestation (sic) der Sektionen und Mitglieder der Polnischen Demokratischen Gesellschaft über die Frage einer Centralisation des Emigrantentums. Poitiers 1837. 8°.
8. Manifest der Polnischen Demokratischen Gesellschaft (deutsch) Mit einer Vorrede: „An die Deutschen." Paris, 21. Jenner (sic) 1838. 8°.

III. Allgemeineres.

1. Doctrine de Saint Simon. Exposition. Première année 1828—1829. IIIe édition. Paris 1831. 8⁰.
2. Das Tagebuch der Emigration, herausgegeben von *M. Podczaszynski*. Paris 1832. 8⁰.
3. Bemerkungen über die nützlichste Beschäftigung in der Emigration, mit einem Vorschlag eines allgemeinen Vereins der polnischen Flüchtlinge, von einem Abgeordneten (*Heinrich Nakwaski*). Paris 1833. 8⁰.
4. Einige Worte über die Handlungen des polnischen Parlaments, von *Walenty Zwierkowski*. Paris 1833. 8⁰.
5. Ein Brief an den General Dwernicki von den Offizieren, Unteroffizieren und Soldaten von Auxerre. (Paris 1834.) 8⁰.
6. *Ludwik Nabielak* an Maurycy Mochnacki, wegen der Schriften von Auxerre. Paris 1834. 8⁰.
7. Einige Worte wegen der Erklärung des General Dwernicki, von *Aleksander Jelowicki*. (Paris 1834.) 8⁰.
8. Einige Worte in Beantwortung einiger Worte des Herrn Aleksander Jelowicki, von *Johann Ledochowski*. (Paris 1834.) 8⁰.
9. Kurzes Verzeichnis der Begebenheiten in der polnischen Emigration von London. (Paris 1834.)
10. Jung Europa. Verbrüderungsakte. Bern, 15. April 1834. 4⁰. (Lithographiert.)
11. Jeune Europe aux patriotes suisses. 19 Avril 1834. 4⁰. (Lithograph.)
12. Jung Polen. Ein Aufruf an Mitbürger. Bern, 12. Mai 1834. 4⁰. (Lithographiert.)
13. Jung Polen. Satzungen. Oktober 1834. 8⁰. (Lithographiert.)
14. Jeune Europe. Instructions générales pour les initiateurs. 4⁰. (Lithographiert.)
15. Das allgemeine Aufgebot. Ein Werk, der Nationalsache gewidmet, von *Johann Kasimir Ordyniec*. Paris 1835. 8⁰.
16. Ueber die Verleihung des Bodens an die polnischen Bauern durch die jetzigen Grundbesitzer, von einem Abgeordneten (*Heinrich Nakwaski*). Paris 1835. 8⁰.
17. Akte der Konföderation der polnischen Nation. Paris 1836. 8⁰.
18. Polen. Ein Werk, der Unabhängigkeit der Nation gewidmet. Paris 1836. 8⁰.
19. *Budzynski Michael*. Vier Jahre 1833—1836 in Oesterreichisch-Galizien, von einem Gefangenen. Brüssel 1838. 16⁰.
20. Das Streben der Czartoryski zur polnischen Königskrone, von *Walenty Zwierkowski*. Poitiers 1839. 8⁰.
21. Ueber ein Parlament in der Emigration, von *Walenty Zwierkowski*. Poitiers 1839. 8⁰.

22. *Ordenga Joseph*. Ueber die polnische Nationalität vom Standpunkte des Katholizismus und des Fortschritts. Paris 1840. 8⁰.

23. 57 gegen 55392 oder die Eier wollen klüger als die Henne sein. von *Stephan Miturzynski*. Paris 1840. 8⁰.

24. Gedenkfeier der für die russische Freiheit in 1826 gefallenen Märtyrer, gehalten am fünfzehnten Gedenktage ihres Todes, den 25. Juli 1841 in London. Poitiers 1841. 8⁰.

25. An die Demokratische Gesellschaft und die sogen. Vereinigung der Emigration. (Paris.) 8⁰.

26. Ueber die Lebensfragen der polnischen Nation, von *Filaret Prawdowski* (Heinrich Korwin Kamienski). Paris 1844. 12⁰.

27. Compte rendu der Kommission über die ihr von der Generalversammlung vom 5. Juni 1844 übertragene Thätigkeit. (London 1844.) 8⁰.

28. Der demokratische Katechismus, von *Filaret Prawdowski* (Heinrich Korwin Kamienski). Paris 1845. 8⁰.

29. Der jetzige Augenblick und Polens Mission, von *Leon Chrzanowski*. Paris 1846. 8.

30. Eine Erinnerung an Ukraina, von *Jakob Jaworski*. Paris 1846. 8⁰.

31. Gottesworte an das polnische Volk, von *Leon Zienkowicz*. Polen, in der Druckerei des Glaubens, der Hoffnung und der Liebe. (Paris) 1847. 32⁰.

32. Das revolutionäre Vorgewitter, von *Bronislaus Ferdinand Trentowski*. Freiburg i. B. 1848. 8⁰.

33. Worte der Wahrheit, von *Ignacy Lyskowski*. Brodnica 1848. 12⁰.

34. La paix et la guerre, par *Charles Edmond Chojecki*. Paris 1849. 8⁰.

35. Ueber die Revolution und deren Stellung. Paris 1849. 8⁰.

36. Revolutionäre Stichwörter im Angesichte der Wahrheit, von *Walery Wieloglowski*. Breslau 1849. 8⁰.

37. Einige Worte über die Ereignisse von 1846, mit einer Notiz über die Zeiten seit 1831, von *Johann Alcyato*. Strassburg 1850. 8⁰.

38. Wie heute die polnischen Gedanken sind und wie sie früher waren, von *Ferdinand Roginski*. Paris 1851. 8⁰.

39. Ein offener Brief an Adam Georg Czartoryski, von *Johann Konopski*. London 1855. 8⁰.

40. Die polnische Demokratie und ihre Gegner, von *W(incenty) M(azurkiewicz)*. Paris 1856. 8⁰.

41. Polen als Nation und als Staat; dessen Mission im Organisme der Menschheit, von *A. M. Marzycki*. Zweite Ausgabe. Posen 1859. 8⁰.

42. Bemerkungen über die Unterthanen in Polen und ein Vorschlag zu ihrer Befreiung, von *Laurentius Surowiecki*. Krakau 1861. 8⁰.

43. Die sociale Frage gegenüber der nationalen Sache. Eine Stimme aus Polen. Paris 1862. 8⁰.

44. Ueber die Anfänge der polnischen Demokratie, eine kurze Notiz, von *J. N. Janowski*. Paris 1862. 8⁰.

45. Der Aufstand der polnischen Nation in 1830 und 1831, von *Maurycy Mochnacki*. II Bände. Posen 1863. 4⁰.
46. Franz Smolka. Biographische Erinnerungen, von *Karl Widman*. Lemberg 1868. 8⁰.
47. Tagebuch aus den Jahren 1845 und 1846, von *Franz Wiesiolowski*. Lemberg 1868. 8⁰.
48. Geschichte der geistigen Bewegung im XIX. Jahrhundert, von *Boleslaus Limanowski*. Lemberg 1890. 4⁰.

IV. Zeitschriften.

1. Neu Polen, politische und wissenschaftliche Zeitschrift, herausgegeben von *Josaphat Boleslaus Ostrowski*. Paris 1833—1843. Folio.
2. Der Fortschritt, Herausgegeben von *Peter Heinrich Niewenglowski*. Paris 1834. 8⁰.
3. Die polnische Nation, Organ der in Paris gegründeten Konföderation. Paris-Brüssel 1836.
4. Der polnische Demokrat, eine polemische Zeitschrift. Poitiers 1837—1848. XI Bände.
5. Das Polen des Christus. Zeitschrift, gewidmet den socialen Grundsätzen (sic), herausgegeben von *Karl Ludwik Krolikowski*. II Bände. Paris 1842—1846. 8⁰.
6. Zeitschrift der Polnischen Demokratischen Gesellschaft (später Denkschrift der Polnischen Demokratischen Gesellschaft).
7. Die Verbrüderung, Zeitschrift, der polnischen Sache gewidmet, herausgegeben von den vereinigten Brüdern. Paris 1847. 8⁰.
8. Die Angelegenheiten der Demokratischen Gesellschaft, Organ des *Ludwik Mieroslawski*. 18 Nummern. Paris 1866—1867. 8⁰.
9. Die Gleichheit, social-revolutionäre Zeitschrift. Genf 1879. 8⁰.